象徴天皇制のゆくえ

茶谷　誠一　編

目次

序章　令和改元と本書の概要

茶谷誠一

令和改元と即位儀式からみる象徴天皇制と国民の意識

本書の序にあたり、象徴天皇制をみる現在の国民意識について、令和改元と天皇代替わりの儀式を通じた問題を読者に投げかけてみたい。二〇一九年一〇月二二日、徳仁天皇の即位にともなう一連の儀式が厳かに挙行された。祝日となった当日、賢所大前の儀に始まり、即位礼正殿の儀、夕方からは饗宴の儀と、終日に及ぶ儀式の始終はＮＨＫや民放が特番を組んで生中継し、多くの人々の関心を集めた。当日に予定されていた祝賀御列の儀（祝賀パレード）は一一月一〇日に延期されたが、こちらも快晴の下、パレードを一目みようと沿道に集まった約一二万人が見つめるなかで執り行われた。

即位礼正殿の儀では、徳仁天皇と雅子皇后が平安絵巻を連想させるような衣装に身を包み、こちらも古来の「伝統」を思い起こさせるような高御座と御帳台に登り、即位を国内外の人々に宣明した。このような儀式は、一見、古代以来の式次第にのっとって挙行されたかのようにみえるが、令和のような即位の儀式は一九一三年一一月の大正天皇の例が起源であることをご存知であろうか。

まず、天皇の即位令に皇后も御帳台に登って同席する形式と定められたのが、一九〇九（明治四二）年に公布された登極令であり、大正天皇の即位礼のために高御座と御帳台が新調され、それが、昭和、平成、そして今回の令和の即位礼にも使用されている。また、初の皇后の御出ましとなるはずだった大正天皇の即位令には、貞明皇后は妊娠中で登壇することなく、昭和天皇の即位礼で良子皇后（香淳皇后）が登壇したのが最初であった[1]。つまり、長い皇位継承儀式の歴史のなかでも、令和のような形式での即位儀式はまだ四回の前例しかないのである。

つぎに、徳仁天皇の即位にまつわる一連の儀式のうち、五月一日の剣璽等承継の儀や一〇月二二日の即位礼正殿の儀、一一月一〇日の祝賀御列の儀は即位にともなう国事行為として挙行されたものの、一一月一四日夜から翌一五日未明に行われた、大嘗祭のなかの中心的儀式である大嘗宮の儀は国事行為ではなく、皇室行事の一環として執り行われた。

即位にともなう同じ儀式でありながら、三種の神器のうち、剣（天叢雲剣）と勾玉（八尺瓊勾玉）、国璽・御璽を受け継ぐ儀式は国事行為で[2]、国家の安寧と五穀豊穣を祈念する大嘗祭は国事行為として挙行されなかった事実と理由につき、どれだけの国民が正しく理解しているであろうか。ここで大嘗祭の問題点や背景について詳しく言及するわけにはいかないので簡潔にその理由を述べておくなら、大嘗祭は神道色の強い儀式であり、政教分離の原則を定めた日本国憲法の規定に抵触するからである[3]。

そもそも、大嘗祭での重要な意義は（多分に後付けの意味合いが濃いものの）、新しい天皇が皇祖神から授けられてきた食物を神々とともに食すことにより、「皇御孫命」（皇統の子孫）としての霊威を継承することにある[4]。今回の大嘗祭についてメディアで報じられた解説、「国家の安寧と五穀豊穣を祈念する」ことは、平成の代替わり時に政府見解で定められた、大嘗祭のもつ複合的な意義の一つでしかない。

さらにいえば、「皇統の子孫」としての霊威を継承する大嘗祭の儀式自体、近世までの即位灌頂（天皇の即位にあたり密教の秘印を結び真言を唱えるという仏教的儀式）に代表される神仏習合的儀式だった慣習が明治維新後に解体され、岩倉具視や大久保利通ら明治新政府の指導者による京都から東京への「遷都」という政治的契機とともに、皇統の権威化をはかる意図から神道形式の儀式に転換したという歴史的事実を忘れてはならない[5]。

令和改元と新しい天皇の即位という、一見、すべてが祝賀ムードに包まれているかのようにみえるイベントであるが、大嘗祭という儀式一つをとってもいろいろな事情を抱えているのである。そして、大嘗祭の性格や必要経費をめぐる問題点は平成の代替わりの際にも提起されていたにもかかわらず、今回、安倍晋三政権は即位に関する問題点の検証を行わず、早々に「前回を踏襲する」という方針を定めてしまった。同じく、国民も政府の決めた方針に盲従し、改元や即位儀式にどのような問題が潜んでいるのかを直視しようとしなかったようにみえる。

大嘗祭に代表される、平成から令和への天皇代替わりで表出した様々な問題点は、昭和から平成への代替わりの際にも指摘されており、専門家が象徴天皇制と現代社会、日本国憲法との矛盾を提起した点は、それから三〇年を経た現在でも全く色あせず、かえって矛盾の深まりを示しているかのようである[6]。

徳仁天皇の即位儀式から本書の趣旨にそったエピソードをもう一つ紹介しておこう。本来、即位礼の一連の儀式として一〇月二二日に挙行予定であった祝賀御列の儀は、一一月一〇日に延期された。その背景には、徳仁天皇と雅子皇后がその年秋の台風と大雨で被災した人々に配慮の意を示し、その意向をうけた政府がパレードの延期を決定したという内幕があった。皇室関連の慶事が延期、中止されたような例は今回が初めてではない。遡ること約一世紀、一九二三年にも今回と同じく、挙行予定の皇室慶事が延期されたことがあった。

一九二三年秋、当時、摂政の地位にあった裕仁皇太子（後の昭和天皇）と久邇宮良子との結婚式が予定されていた。しかし、同年九月一日に関東大震災が発生し、関東地区を中心に甚大な被害をもたらした。被災状況をうけた摂政は直後に控えていた自身の結婚式の延期を牧野伸顕宮内大臣に提言し、挙式は翌年一月に延期されることとなった。摂政から結婚式延期の希望を聞いた牧野宮相は、「一般人民は斯くまでに国民の安否を気遣はせらるゝかと深く難有味を感戴可致」[7]と返答している。今から一〇〇年ほど前の近代天皇制の時代にも、被災者の心情に配慮した形で皇室の慶事が延期された前例があったのである。

今回の祝賀御列の儀の延期により、どれだけの人々が牧野宮相のいうように「感戴」したか定かではないものの、近代天皇制下であろうと、象徴天皇制下であろうと、皇室が被災者に代表されるような社会的弱者のことを思い、言動や行事に配慮を示す姿勢は皇室にとってある意味当然の対応だったのである[8]。このような皇室の「慈恵主義」は明治期に制度として確立し、戦後の象徴天皇制にも引き継がれてきたのであった[9]。本書は新型コロナウイルス問題で通常の生活に著しい制約が課されたなかで執筆しているが、即位から一年を迎えた皇室関連記事のなかにも、徳仁天皇と雅子皇后が「コロナの感染拡大を気にかけ、困難な状況におかれている国民のことを案じている」との言葉が添えられている[10]。また、秋篠宮一家も不足する医療用ガウンにつき、ポリ袋を材料に手製で三〇〇着作り、恩賜財団済生会に寄贈した[11]。これらは現代版の「慈恵」にほかならない。

近代天皇制から象徴天皇制への移行では、「統治権の総攬者」から「国家・国民統合の象徴」という天皇の地位にみられるような「断絶面」だけでなく、「慈恵主義」のような「連続面」もみられるのである。

本書のねらいと構成

天皇代替わりという一大イベントは、ここ数年にわたる皇室関係行事の有終を示すものであった。二〇一四年秋の「昭和天皇実録」の公開（その後、東京書籍より『昭和天皇実録』全一九冊として刊行）、二〇一六年夏の明仁（あきひと）天皇による生前退位の意向表明、二〇一九年四月の新元号「令和」の公表、同五月一日付での徳仁天皇の即位と、ここ数年、天皇に関する重大ニュースが日本中を駆けめぐった。

また、秋篠宮家の長女眞子の婚約発表をめぐるニュースのなかで皇位継承者の先細り状況と、その要因たる皇室典範の問題点が改めて浮き彫りになるなど、皇室全体に対する国民の関心はこれまでになく高まっているようにみうけられる。多くの研究者が所属する歴史学系の学会においても、天皇代替わりや改元を題材とする特集やシンポジウム、研究書が企画、開催、出版されている[12]。

日本国憲法の施行とともに始まった象徴天皇制の歴史は二〇二〇年で七三年目を迎え、短いようですでに三・四半世紀近く継続してきたことになる。七〇数年に及ぶ象徴天皇制の歴史に対し、主権者である国民はどこまで「象徴天皇」の地位や権限、役割を理解し、その変遷について認識できているであろうか。明仁天皇が国民向けに発した生前退位のメッセージで明らかになったことは、天皇制という君主形態への賛否の問題はさておき、現代に生きる日本人のなかで退位した明仁上皇（そこには美智子上皇后も含まれるであろう）がもっとも「象徴天皇」という存在を理解し、真摯にそのあるべき姿を模索してきたという事実である。

日本国憲法第一条には、「天皇は、日本国の象徴であり日本国民統合の象徴であって、この地位は、主権の存する日本国民の総意に基く」と記されている。象徴である天皇の地位は、主権者である我々「日本国民の総意」にもとづいているはずなのに、国民、そして国民の代表である政治家は先に述べた即位礼や大嘗祭にまつわる諸問題のように、象徴天皇制のことを真剣に考えてきたといえるであろうか。

近年の皇室ブームともいえる社会現象につき、本書の執筆陣にも加わっている河西秀哉は、象徴天皇が「国民全体から少なくとも全否定されない、ふわっとした支持」を得ている状態にあると解説している。「ふわっとした支持」とは、言い換えれば確固たる根拠や理由があっての支持ではなく、「何となく支持」しているだけということを意味する[13]。同じ寄稿記事のなかで、河西は「天皇の仕事は何か」ということを国民全体で広く議論しなければならないと諭している。

今回、天皇の代替わり、しかも、生前退位という形式での代替わりは江戸時代の光格天皇以来、二〇二年ぶりという歴史的な機会にあたって、改めて象徴天皇制という制度の実態や成立以来の推移を学術的に分析し、読者である「主権の存する日本国民」に提示することを目的としたい。上記のように、七〇数年の象徴天皇制の歴史は短いようで、昭和、平成、令和と三代の天皇に及ぶこととなり、経年による変化のほか、それぞれ天皇個人の人格や考えによって、時代ごとに異なる様相を呈するようになってきた。

そこで、本書では、『象徴天皇制のゆくえ』というタイトルを付し、日本国憲法下で誕生した象徴天皇制の七〇年以上にわたる歩みと現状、そして今後の展望までを視野に入れながら、その全体像が読み解けるような複数のテーマを設定する。政治、外交、社会（地域を含む）、国際社会、メディアという各分野から専門の研究者が個別論文を執筆し、それらを収録した論文集として編集した。

本書の執筆陣は近年の皇室ブームに関係なく、以前から象徴天皇制や立憲君主制について精緻な実証研究によって多くの業績をあげ、現在でもこの分野において第一線で活躍している研究者たちである。メインとなる日本近現代史からは、茶谷、冨永、河西、舟橋の四名が各テーマから象徴天皇制を分析した。また、今日でも象徴天皇制の比較として取りあげられることの多いイギリス立憲君主制については、イギリス史、とくにイギリス王室史を専門とする君塚が比較史的見地から論じる。さらに、今回の「令和」改元と天皇代替わりという同時代に生じた歴史的事象につき、メディアや国民がこのイベントをどうとらえていたのか、ジャーナリズムの視点から毎日新聞記者の栗原俊雄に分析してもらった。

各章の概要

本書を構成する各章の概要は以下の通りである。茶谷誠一による第一章「検証・象徴天皇制下における『天皇外交』――一九五一年の鳩山・ダレス会談と昭和天皇の関与――」は、日本国憲法第四条で「天皇は国政に関する権能を有しない」と規定された象徴天皇制の政治機能とその実態につき、昭和天皇の言動から検証することを目的とする。検証題材として一九五一年のサンフランシスコ講和会議にむけた政治外交上の動きのなかで、昭和天皇がどの程度政策決定に影響を与えていたのかをとりあげる。

一九五一年二月、来日したジョン・F・ダレス特使は吉田茂首相兼外相のほか、当時、公職追放の身であった鳩山一郎、石橋湛山らのグループとも会見を行う。この鳩山・ダレス会談の背後に天皇が関与し、吉田首相率いる政府の外交ラインとは別に、天皇や側近による「天皇外交」が展開されていたという学説を検証することで、「天皇外交」の実態と影響について筆者なりの見解を提示する。

講和会議で調印されるサンフランシスコ平和条約、日米安保条約の内容と、当時、天皇が望んでいた安保体制とが合致するため、天皇が鳩山をダレスに引き合わせたという学説に一定の説得力があるようにも思えるが、いっぽうで、そこまで天皇による直接的な関与があったのか疑わしいという指摘も存在する。天皇の言動をうかがい知れる直接的な資料が乏しい環境のなか、鳩山とダレス双方の関係者の資料を丹念に調査しながら、会談の意義と「天皇外交」の実態を明らかにしていく。

舟橋正真による第二章「象徴天皇制下の『皇室外交』」では、象徴天皇制下で展開されてきた「皇室外交」の政治史を論じる。これまで「皇室外交」といえば、内閣による天皇の政治利用という視点から論じられることが多く、そこに天皇の意思が介在したか否かを論究するものはほとんどなかった。新憲法上、天皇は政治に関与しないとされるが、「皇室外交」の政策決定に天皇がいかなる役割を果たしたかは重要な論点といえる。それは、実際のところ「皇室外交」の過程は内閣と皇室のある種の〝せめぎ合い〟のなかで形成され、展開したものといえるからである。

そこで、「皇室外交」を天皇の国賓待遇と外国訪問を総称するものと定義したうえで、第一に、昭和天皇の「皇室外交」を検証する。とくに戦後のアメリカとの関係に着目し、一九六〇年のアイゼンハワー米大統領の訪日延期から一九七五年の昭和天皇訪米にいたる過程を分析対象とする。第二に、明仁天皇の「皇室外交」を検証する。まず、その全体像を概観し、そこにみえる特徴と問題点について考察したうえで、各々の事例を個別的に分析していく。その際、昭和天皇時代からの連続性（一九九二年の明仁天皇訪中など）と、「平成流」と呼ばれた明仁天皇の独自性（慰霊の旅など）に着目しながら、昭和から平成の時代にかけての「皇室外交」の展開とその政治史的意義についても究明する。

そのうえで、徳仁天皇の「皇室外交」への展望についても、令和初の「皇室外交」となったトランプ米大統領の訪日や中国の習近平国家主席の国賓訪日問題などを題材に、象徴天皇制下の「皇室外交」とはどうあるべきかを論じている。

第三章「戦後沖縄新聞報道に見る天皇制批判」担当の冨永望は、沖縄復帰と皇室報道をテーマに、反復帰論の出現によって沖縄の皇室報道が急激に変化していく様態を検証している。一般に戦後沖縄における天皇制批判は、新川明（あらかわ）に代表される反復帰論が火をつけたと認識されている。しかし、紀元節復活問題については、一九五〇～六〇年代という早い時点から違和感を表明する論説が少なからず地元紙に掲載されていた。また、一九六七～六九年の短期間、第三の地元紙として『沖縄時報』が発刊される。同紙は保守的だが、早期復帰に反対の論陣を張るという、異端の位置に立っていた。同紙の論調と対比させることで、沖縄の天皇制批判の文脈をより明らかに描きだす。

反復帰論とは別に、キリスト教のような宗教団体からの天皇制批判が強まるのも一九六〇年代末以降の特徴である。そして、アメリカの外交文書の公開が進むにつれ、天皇制批判から昭和天皇個人の戦争責任追及に論点が移っていく。それは明仁天皇に対して沖縄県民の感情が好転していく背景でもあった。マイノリティとしての沖縄が政治と文化の両面で存在感を増していく今日、沖縄の天皇制批判を実証的に分析することは、本書のタイトルにもあるように、今後の象徴天皇制のあり方を考えるうえで必要な作業と考える。

河西秀哉による第四章「初代象徴皇太子としての模索――一九六〇～八〇年代の明仁皇太子・美智子皇太子妃――」の要旨は以下の通り。一九五九年の「ご成婚」やそれにともなうミッチー・ブーム、徳仁親王の誕生など、一九五〇年代後半から一九六〇年代初頭にかけて明仁皇太子・美智子皇太子妃の人気は頂点に達し、象徴天皇制は一つの完成型を迎えた。しかし、こうした傾向に対し、風流夢譚（ふうりゅうむたん）事件や『思想の科学』自主廃棄事件・「美智子さま」執筆中止事件など、保守（権威）派からの動きを受け、揺り戻しの動きが起こった。また、美智子妃の流産をきっかけにしてマスメディアでの報道も沈静化、たとえば詳しくは本論で論じるように、一九七〇年代には実力はあるが人気のないプロ野球のパ・リーグに皇太子をなぞらえた「皇太子パ・リーグ論」なる意見も出されるなど、次第に彼らの人気が低下していることが白日の下にさらされた。

しかし、一九七〇年代から八〇年代の皇太子夫妻はその時期、積極的に活動していた。皇太子という立場は、日本国憲法にも皇室典範にもその職務に関する規定はない。そのため、初代象徴皇太子である明仁皇太子は美智子妃とともに自身のあり方について模索し続けていった。そのなかで、明仁皇太子は象徴とは何か、天皇の役割とは何か、といった問題意識を持ち、その後の「平成流」の原型をこの時期に形成させていく。

そこで、この時期の皇太子夫妻のイメージを新聞・雑誌などのメディアで明らかにしつつ、その思想と行動の状況を一次史料の検討を通じて解明し、同時に象徴天皇制における皇太子の役割を描きだしていく。昭和の終盤、平成へと近づく「代替わり」を前にして、皇太子の存在の重要度が次第に高まっていく状況も明らかになるだろう。また、その作業から、令和の徳仁天皇と現在とのイメージや存在感の違いにまで言及する。

イギリス王室史を専門とする君塚直隆の第五章「立憲君主制と象徴天皇制―イギリス君主制からの影響を考える―」の要旨は以下の通り。「日本は立憲君主制ではない、立憲民主制である」などという言葉を、昨今聞くことが多い。しかし政治体制を分類する際には、通常、「君主制か共和制か」、「民主制か独裁制か」という区分を行うことはあるが、「君主制か民主制か」という区分方法で政治体制を表現するようなことはないのではないか。このような表現が出てくること自体、戦後の日本人がいかに「君主制としての天皇制」を検討することに真剣に向き合ってこなかったのかが理解できるであろう。

国際的な基準からすれば、現在の日本は明らかに君主制を採る国であり、しかもそれはイギリス立憲君主制から大きな影響を受けているのが実情である。国民の誰もが知っているはずだが、日本国憲法第一条では「天皇は日本国の象徴であり日本国民統合の象徴」と位置づけられている。この「統合の象徴」という言葉からして、一九世紀半ばのイギリスを代表する政治理論家ウォルター・バジョットの『イギリス憲政論』に基づいていることが、戦後ＧＨＱで「天皇条項」の作成にあたった人物の証言からも明らかになっている。

実際に「象徴天皇」として戦後日本に君臨した昭和天皇は、皇太子時代の一九二一年に訪英し、時の国王ジョージ五世と直に接して「君主制の奥義」を学び、次代の明仁天皇が皇太子時代に補導役の小泉信三と講読した一冊が、ハロルド・ニコルソン著『ジョオジ五世伝』であった。「イギリス立憲君主制の鑑」といわれるジョージ五世は、いみじくも二代の象徴天皇たちに大きな影響を与えているのである。

さらに、一九二一年から今日にいたるまでのおよそ一世紀のスパンで、イギリス立憲君主制が日本の象徴天皇制に与えた影響を考察し、過去・現在に加え、令和以降の未来の象徴天皇制のあり方にもこれが多くの示唆を与えてくれる可能性についても検討していく。

毎日新聞東京本社学芸部記者の栗原俊雄による第六章「平成から令和へ―新聞メディアは改元をどう報じたか―」では、天皇制の象徴とも言うべき「元号」に焦点をあてる。三〇年ぶりの改元により国民的注目が集まった「元号」を分析することで、現代の国民やメディアが天皇制をどうとらえているのかを明らかにしていく。合わせて、今回、前天皇の意思表明で始まった代替わりについて、現代の国民やメディアがどうとらえたかを検証することにより、象徴天皇制の現状と課題を提示する。

かつて、市民とアカデミズム、ジャーナリズムには元号に対する拒否感、違和感が少なからずあった。崩壊した大日本帝国の時制が、民主主義の戦後日本を貫くことへの心理的抵抗、「君主に時を支配される」といった感覚によるものであった。このため敗戦後長く、政府与党は元号をつくることができず、「昭和」は、あくまでも慣習として使われるものであった。一九七九年の「元号法」の成立によって、初めて法的根拠を得て今日にいたる。

以来四〇年、元号に対する国民の感覚は大きく変わったようにみえる。メディアは「平成最後」「令和初めて」を連発し、「令和」決定にかかわったとされる研究者もたびたび登場、典拠である「万葉集」が注目を浴びている。また新聞各紙の世論調査でも、「令和」への好感度は高い。

天皇主権から国民主権へとコペルニクス的変化を遂げたはずの戦後日本で、なぜ天皇と密接に関係する元号が再び市民権を得つつあるのか、合わせて、「元号法」制定過程で元号の決定を政令としたことによる影響を検証する。法律ではなく政令にした結果、元号は国民のものではなく政府のものになった、という問題意識によるものである。

また、代替わりの問題としては、憲法と天皇の国事行為にも注目している。今回、明仁天皇は憲法が天皇に課している仕事以外のことを続けるのが難しくなったことを理由に、生前退位を表明した。その結果行政、立法が動き退位に至った。この経緯は、天皇制と憲法のゆがんだ関係、職業選択の自由といった基本的人権が保障されていない天皇家の現状を改めて明らかにした。メディアにとって憲法と天皇制の問題を提示し、国民に知らせる絶好の機会であった。では、メディアはその好機をどう活かしたのか、活かさなかったのか。国民は前天皇の言動と代替わりをどう評価したのか。それをみることによって、「象徴天皇制」の将来を展望する。

以上、本書の構成は六章立てとし、各章の順序は時系列、かつ各章で設定したテーマが読み進めるうちに把握しやすくなるように配置した。読者は本書を読み終える頃には、象徴天皇制の歴史と現状、今後の課題や展望について理解を深めることになるであろう。

1　皇室事典編集委員会編『皇室事典』（角川学芸出版、二〇〇九年）所功の執筆項「大正・昭和の即位礼」（二四六〜二四七頁）参照。

2　剣璽等承継の儀についても、古事記、日本書紀といった記紀神話の記述にもとづき天皇の国家統治を正当化する儀式という理由から、今日の日本国憲法の原則に照らして問題だとの指摘がある（中島三千男『天皇の「代替わり儀式」と憲法』日本機関紙出版センター、二〇一九年）。また、記紀の建国神話が近代以降の日本社会にどのような影響をもたらしてきたのか、歴史学的に分析した最近の研究として、古川隆久『建国神話の社会史』（中公選書、二〇二〇年）参照。

3　皇嗣となった秋篠宮が二〇一八年の誕生日に合わせて行った記者会見のなかで、「宗教色が強いものを国費（宮廷費）で賄うことが適当かどうか」「天皇家の私費である内廷費で賄うべき」で、「身の丈にあった儀式にすべきだ」（『朝日新聞』二〇一八年一一月三〇日付朝刊）と述べたのも、同様の理由からである。

4　前掲皇室事典編集委員会編『皇室事典』、所功の執筆項「大嘗祭の意義」（二四八頁）参照。大嘗祭のもつ様々な意味と時代の推移にともなう変遷については、「大嘗祭は天皇位の権威の源」という趣旨でまとめられた、工藤隆『大嘗祭』（中公新書、二〇一七年）参照。

5　高木博志「明治維新と大嘗祭」（岩井忠熊／岡田精司編『天皇代替り儀式の歴史的展開』柏書房、一九八九年）参照。古代から現代にいたる天皇と宗教との関係を俯瞰しながら論じた研究として、小倉慈司／山口輝臣『天皇と宗教』（講談社学術文庫、二〇一八年）参照。

6　中島三千男「『天皇の代替り』を考える」（前掲岩井／岡田編『天皇代替り儀式の歴史的展開』）、横田耕一『憲法と天皇制』（岩波新書、一九九〇年）。なお、徳仁天皇の即位儀式をめぐり、専門家や新聞記者がそこに潜む問題点を指摘するとともに、日本国憲法にそった法令整備の必要性を訴えている。前掲中島『天皇の「代替わり儀式」と憲法』、『毎日新聞』二〇一九年一二月四日付朝刊の記事「天皇陛下の即位儀式を考える」（高島博之東京社会部記者筆）参照。

7　伊藤隆／広瀬順晧編『牧野伸顕日記』（中央公論社、一九九〇年）一九二三年九月一六日条。

8　皇室文化や儀式に詳しい所功は、関東大震災時の裕仁皇太子の発言を例にあげつつ、「皇室には国民が大変な時に、お祝いを受けることを遠慮したいとの思いが常にある」と解説している（『毎日新聞』二〇一九年一〇月一八日付朝刊）。その通りであるが、「遠慮する」背景については、「慈恵主義」の側面から理解すべきであろう。

9　皇室による「慈恵主義」については、遠藤興一『天皇制慈恵主義の成立』（学文社、二〇一〇年）に詳しい。

10　『朝日新聞』二〇二〇年五月一日付朝刊、『毎日新聞』二〇二〇年五月一日付朝刊。

11　『朝日新聞』二〇二〇年五月二六日付夕刊。

12　吉田裕／瀬畑源／河西秀哉編『平成の天皇制とは何か』（岩波書店、二〇一七年）、『日本歴史』第八五三号（二〇一九年六月）の小特集「平成史の可能性」、『歴史評論』第八三五号（二〇一九年一一月）の特集「天皇代替わりの歴史学」、歴史学研究会編『天皇はいかに受け継がれたか』（績文堂出版、二〇一九年）。同書は二〇一八年四月一四日に開催された、歴史学研究会総合部会例会「天皇の身体と皇位継承―歴史から考える」をもとに編集されている。

13 河西秀哉「『ふわっと支持』を超えて」（『毎日新聞』二〇一九年一〇月二三日付朝刊）。「何となく支持している」という視点は、前掲吉田／瀬畑／河西編『平成の天皇制とは何か』所収の編者三人による座談会記録「『平成』の終焉と天皇制の行方」でも指摘されている。

第一章　検証・象徴天皇制下における『天皇外交』

―一九五一年の鳩山・ダレス会談と昭和天皇の関与―

茶谷誠一

はじめに

日本国憲法の施行後、天皇の地位は戦前までの「統治権を総攬」する国家元首から、内閣の助言と承認による国事行為を行い、「国政に関する権能を有しない」象徴天皇へと大きく変化した。しかしながら、昭和天皇が依然として国政に強い関心を示し続け、一九四七年の「沖縄メッセージ」に代表されるような、時として政治や外交に関与していた事実がこれまでの研究によって明らかにされてきた[1]。

象徴天皇による国政関与の実態は、憲法にも抵触する重大問題であるため、宮内庁や外務省といった日本側の公文書によって解明される機会はほとんどなく、側近や官僚、政治家の日記や書簡といった私文書からその実態の一部が紹介されるか、アメリカやイギリスなど当時の占領国側の公開資料によって新事実が解明されるという経過をたどってきた[2]。

資料環境の影響もあり、これまで歴史学分野から戦後の昭和天皇の政治外交問題への関与を実証的に分析した研究はそれほど多くはなく、憲法学、政治学といった分野から分析される傾向が続いてきた[3]。このような研究状況のもと、占領期における昭和天皇の外交、安保問題に対する積極的姿勢を強調した豊下楢彦氏は、天皇による外交問題への関与が吉田茂政権の外交方針を封じ込めるような「二重外交」状態であったとの見解を提示し[4]、その後、その主張を弱めつつも、「マッカーサーや吉田をバイパスした天皇とワシントンを結ぶ非公式チャンネルが、その後の日米関係に重大な影響を及ぼしていた」[5]と指摘する研究を発表した。

豊下氏の刺激的な研究に影響されてか、以後、「天皇外交」という視角から昭和天皇の国政関与の実態を解析した研究が徐々に発表されるようになった。その主張は大別すると、豊下氏のように、昭和天皇による国政関与の姿勢が外交や安保問題を担う日米両国の政治指導者に何らかの影響を与えるほどの力をもっていたという立場と[6]、対照的に象徴天皇制下で国政に関する権能を失った昭和天皇の政治意思は日米の政策決定過程に影響を及ぼすほどでなかったという立場とに分けられる[7]。

本章での基本的立場は、昭和天皇が国政に対する強い関心を示し続け、時に側近を介して米国要人に極秘のメッセージを伝達していたという事実を認めつつ、豊下氏が指摘するような「二重外交」と呼べるほどの政治的影響力はなかったとみており、以前にも豊下氏の「天皇外交」論を批判する形式でこの問題を論じたことがある[8]。

しかし、その時は講和・安保問題に対する昭和天皇の政治的影響力の実態につき、政権を担う吉田茂と天皇の関係を中心に分析しただけであり、本章でとりあげるような政権周辺に位置する鳩山一郎やその関係者、そして、対日講和問題の交渉担当者となるジョン・F・ダレス（John Foster Dulles）や『ニューズ・ウィーク』外信部長のハリー・カーン（Harry Kern）、同東京支局長コンプトン・パケナム（Compton Pakenham）らアメリカ対日協議会（American Council on Japan、以下、ACJと略称）関係者など、「天皇外交」に携わった米国側の動向まで深く追究してこなかった。

そこで、本章では改めて象徴天皇制下における「天皇外交」の実態を詳細に検証していく。すなわち、昭和天皇が講和・安保問題にどこまで関与し、その政治意思が日米双方の外交方針や外交政策にどこまで影響を与えていたのかを明らかにしたい。具体的な事例として、一九五一年二月に行われたダレスと鳩山グループとの会談をとりあげ、天皇が鳩山グループの推挙に関わっていたのかという点を明らかにすることで、「天皇外交」の影響力について検証していく。

「天皇外交」を検証するにあたり、天皇や側近の政治的言動が追える資料は前述したように皆無に近く、『昭和天皇実録』の当該期の記述にも、資料ではなく研究書や研究論文に依拠しながらまとめられている箇所が多々みうけられる。そこで、本章では従来の研究でほとんど使用されてこなかった、元側近の牧野伸顕、ダレスとの会談に向けて動いていた鳩山一郎や野村吉三郎、石井光次郎らの刊行、未刊行の資料を中心に、米国外交文書（ＦＲＵＳ）などアメリカ側の資料も用いながら、「天皇外交」について検証していく。
なお、本文で引用する資料のうち、以下の頻出する文献については章末の脚注として表記する煩雑さを避けるため、本文の引用箇所の後に続けて（　）内に書名・巻号（上下、丸数字）・年月日（西暦下二桁と月日）を略称して表記していくこととする。

進藤榮一編『芦田均日記』全七巻（岩波書店、一九八六年）→『芦田』
「石井光次郎日記」（国立国会図書館憲政資料室所蔵）→「石井」
石橋湛一・伊藤隆編『石橋湛山日記』上下（みすず書房、二〇〇一年）→『石橋』
小林一三『小林一三日記』全三巻（阪急電鉄、一九九一年）→『小林』
「田島道治日記」（加藤恭子氏引用分）→「田島」
鳩山一郎・鳩山薫編『鳩山一郎・薫日記』上（中央公論新社、一九九九年）→『鳩山』
Foreign relations of the United States　→*FRUS*

一．朝鮮戦争勃発前後における天皇周辺の安保論

一九五〇年六月二六日、来日していたダレス国務長官顧問のもとに宮内庁式部官長の松平康昌から親交のあったＡＣＪのパケナムを介して、昭和天皇の口頭メッセージが寄せられた。さらに、口頭メッセージの情報を伝え聞いた米政府高官からの要請をうけ、同年八月には口頭メッセージを文書化した天皇の文書メッセージも作成され、米国にいるハリー・カーンのもとに届けられた。そして、カーンはこの文書メッセージをダレスのもとに送付する。

諸研究で指摘されているように、この二つの「天皇メッセージ」の趣旨は、国内の有能な人々を公職追放の身に追いやっている占領政策を批判するとともに、そのような「有能な人々」を想定しながら、「講和問題を取り決めていくにあたり、日本国民を真に代表し専門的助言を与えられる顧問グループ」の設置を提言することにあった[9]。

二つの「天皇メッセージ」が誕生した背景について、もう少し解説しておかねばならない。口頭メッセージが伝達される直前の六月二二日には、来日したダレスやジョン・アリソン（John Allison）国務省北東アジア部長、カーンらと日本側要人との夕食会が催された。席上、招かれた大蔵省財務官の渡辺武が日本側からの自発的な基地提供の意思を発言するなど、列席者の間で重要な政治問題を含め、忌憚のない議論が交わされた[10]。

この会合には宮内庁の松平康昌も同席しており、会合後、天皇のもとへその模様が報告されたと推測される。夕食会から三日後の同二五日に朝鮮戦争が勃発したことも鑑みれば、日本の安全保障に危機が迫っている情勢を察知した天皇や側近が動き、翌二六日に口頭メッセージが伝達されたと考えるのが妥当であろう。

「天皇メッセージ」の評価について、天皇外交の政治的影響力を強調する立場からは、吉田首相や連合国軍最高司令官ダグラス・マッカーサー（Douglas MacArthur）の頭越しに天皇の意思を伝達した点、メッセージの内容に吉田政権による基地問題への取り組み姿勢を批判するような文言が含まれている点などから、天皇の吉田に対する不信任を明瞭に示す行動であったと指摘されている[11]。

しかし、「天皇メッセージ」の評価で重視すべきは、天皇が吉田政権に不信任を表したという点ではなく、豊下氏をはじめとする研究者が一様に指摘しているように、天皇や松平康昌ら側近が朝鮮戦争勃発をうけて共産主義に一層の脅威を感じ、GHQによる過度の占領政策の是正を求めるとともに、日本の安全保障を一定の方向（明言はしていないものの、米国による安全保障と駐留米軍への国内基地提供という、その後の日米安保体制をさす）にすすめるべきという意思をダレスに伝えたという事実にこそある。

また、この時点で天皇メッセージにみえる「専門的助言を与えられる顧問グループ」とは、翌年二月にダレスらと会見を行う鳩山一郎らのグループを想定した発言ではなかったという点も指摘しておきたい。後で詳しく検証していくが、この時点で天皇が想定していた「顧問グループ」とは、青木冨貴子氏も推測しているように、「ACJ日本支部」の候補者だったと思われる[12]。

敗戦後、戦前からの親英米派を代表する重鎮は元内大臣で長く天皇の側近として仕えた牧野伸顕であり、牧野の周辺には松平恒雄（つねお）元宮相、関屋貞（てい）三郎元宮内次官らの旧側近、樺山愛輔（あいすけ）、吉田茂ら同郷人、親族関係者、そして、野村吉三郎のような穏健な軍人、政治家がいた。彼らはそれぞれ緩やかに連携しながら敗戦直後の混乱期に天皇制や皇室を救うべく、昭和天皇や現役の宮内官僚らにアドバイスを与える存在となっていた[13]。

牧野らはACJの結成時にあたり、名誉会長に就任したジョセフ・グルー（Joseph Grew）やウィリアム・キャッスル（William Castle）といった駐日大使経験者、ACJの非公式創立委員に就任し、同じく駐日大使館に勤務していたユージン・ドゥーマン（Eugene Dooman）らと戦前から親交があり[14]、敗戦後も日本や天皇制の行く末を案じるような手紙のやりとりを続けていた。野村吉三郎のもとに届いたキャッスルからの来信には、皇室や日本人に変らぬ親愛の情を示しつつ、日本で共産主義の蔓延を防ぐことの重要性を訴えていた。野村はキャッスルからの手紙を牧野、吉田茂らにも回覧し、日米の穏健派の間で危機意識や占領政策を含む現状の問題を共有していった[15]。

折しも、日本では片山哲、芦田均の中道政権が誕生し、宮中改革や側近更迭人事にも着手するなど、牧野ら旧側近も杞憂するような政治状況となっていた。GHQ民政局が主導する民主化政策は、戦前の自由主義者からなる日米両国の穏健派にとって共産思想の蔓延を助長させかねない過度な改革と映り、公職追放などの占領政策を批判し、その緩和を求める声が高まっていた。このような状況下、牧野のもとに旧知のキャッスルから手紙が届き、ACJの創設と自身とグルーもその設立趣旨に賛同し、他の知日派の面々も興味を示しているという情報を伝えてきた。続けて、キャッスルは「ＡＣＪについて提案すべきこと、考慮すべきことがあれば意見をうかがいたい」[16]と、牧野にも適切な助言を求めてきた。

キャッスルの手紙に接した牧野は、日本でもＡＣＪと似たような組織の設立を思い立ち、親英米派の面々に相談のうえ実現をめざしていく。牧野からキャッスルの手紙を回覧されて見解を求められた元駐英大使（元宮相）の松平恒雄は、同じく元外交官の佐藤尚武や堀内謙介らの意見を参酌しつつ、現状での性急な類似機関の設立は慎重にすべしとの持論を牧野に伝えた[17]。

さらに、牧野は「ＡＣＪ日本支部」の創設という提案を宮内府長官に就任したばかりの田島道治にも伝えていた。一九四八年七月二三日付で牧野から田島に宛てられた書簡には、キャッスルからの手紙を添えて側近首脳間での回読を勧めるとともに、「時下誠ニ有益之企図ニ有之、当方ニテモ相応之機関創設望ましく存候。御一考御願申上度候〔原文に句読点を補った〕」[18]と記されている。続けて牧野は、自分の方でも同志と研究中であり、松平恒雄にも回覧したと付言している。この後、田島が牧野の提案のように行動したとすれば、すぐにでも松平康昌に回覧され、天皇にも伝わっていたはずである。

行き過ぎた日本の占領政策を批判していたＡＣＪの設立に共鳴し、国内でも同様の機関を設置すべしという牧野の提言は、松平恒雄ら親英米派の面々に伝わっていただけでなく、田島長官、松平康昌ら宮中サイド（おそらくは天皇も）にも伝わり、その趣旨が共有されていたとみるべきであろう。そのため、一九四九年一月に牧野が亡くなった後も「ＡＣＪ日本支部」の創設という牧野の提言は宮中サイドのなかで共有され続け、一九五〇年の二つの「天皇メッセージ」にある、「専門的助言を与えられる顧問グループ」という表現で再登場したのではないだろうか。

しかし、「ＡＣＪ日本支部」の創設を訴えた牧野の提言が実を結ぶことはなかった。国内における松平恒雄らの否定的な反応に加え、ＡＣＪ中枢の人々も牧野が思案する「ＡＣＪ日本支部」の設置という趣旨には歓迎の意を表しつつ、「ＡＣＪの活動が本国で確立するまで、日本で類似の機関は作らない方がよい」と[19]、性急な同調行動をとらないよう注意を促していたからである。

牧野が思い描いた「ＡＣＪ日本支部」の設置はかなわなかったものの、戦前から親交のあった牧野や野村ら日本側のオールド・リベラリストとグルーやキャッスルといった米国の知日派の間にカーン、パケナムが介在し、ＡＣＪのもとで双方の関係が再構築されていったのである。牧野が一九四九年一月に病没すると、樺山愛輔、野村がＡＣＪとの交渉役となった[20]。ＡＣＪ側にとって、野村は日本側リベラリストへの連絡役という利用価値があったし、野村にとってもＡＣＪは海軍再建という構想を実現させるために有用であり、また、自分と同じように公職追放の身にある穏健派の憂慮を米国側要人に伝えるのにも役立った[21]。

日米両国間でＡＣＪを仲介とするリベラリストの橋頭保が再構築された頃、一九四九年一〇月には、中国で国共内戦に勝利した毛沢東が中華人民共和国の建国を宣言する。同時に、朝鮮半島でも分断国家となった北朝鮮と韓国との間で不穏な動きが顕在化してきた。このような極東情勢をうけ、野村吉三郎は一〇月二四日、天皇に拝謁し、アジアにおける共産主義の優勢な現状をふまえ、「国際連合における日本の安全保障には見込みがなく、独立後にはアメリカと結託して自国の安全保障を保持するしかない、米英による日本の安保が絶対に必要だ」という趣旨を内奏した。野村の安保論に対し、天皇も「全く同感」と応じつつ、共産化した中国の将来について意見を述べている[22]。

同時期、後にダレスと会談する鳩山のために意見書を執筆することになる小林一三（いちぞう）（当時は公職追放中）も他国からの直接侵攻という事態を想定し、「既に戦争を放棄した我国としては今更軍隊新編成は出来ないから、此場合、外国の米国の軍隊にお頼みすることになると、軍事同盟又ハ協定による安全保障といふ問題になる。米国は日本国内に永久に軍事基地を置くことになり、日本はそれを肯定しなければならぬことになる」（『小林』③50・1・21）と、駐留米軍による安保の必要性を説いていた。また、講和問題についても「今日の場合、全体講和はソ連中共の意向が米国と対立してゐる以上、到底望めないものとせば、ソ連を除いた単独講和より外に途はないやうに思ふ」（同前）との私見を日記に書き綴っている。

野村と小林の講和論・安保論は、当時における日本の保守派の最大公約数的な見解を示している。すなわち、米ソの冷戦対立がより鮮明となり、アジアにおける共産勢力の勢いも増す国際情勢のなか、講和論では片面講和論が、安保論では駐留米軍による安全保障の確保という見解が共通認識となり、憲法九条との関係から再軍備をどうすすめていくかという点が政治上の争点になりつつあった。

ところが、この当時、鳩山一郎は保守派の共通認識とは異なる講和論・安保論を唱えていたようである。政治評論家で戦後、鳩山と関係者との間で連絡役を務めていた木舎幾三郎（きやいくさぶろう）は小林一三のもとを訪ね、次のような鳩山の意見を伝えていた。

> 追放が解けたらば自分〔鳩山〕は全面講和、永世中立国として戦争を放棄した我国の立場を強調し、現在米国が考へてゐる軍事基地の問題や単独講和に反対して国民に訴へるつもりである。そして全面講和に伴ふ平和主義国家として日本の立場を主張するつもりである（『小林』③50・2・25）。

木舎が伝えた鳩山の見解は、「片面講和・日米安保」とは正反対の「全面講和・永世中立」論である。鳩山自身の言葉ではないので、簡単に評価することはできないにしても、木舎の小林への伝聞が事実であるならば、少なくとも一九五〇年初頭の時点で、鳩山は「全面講和・永世中立」論を唱えていたことになる。鳩山の見解の背景には、吉田茂へのアンチテーゼのようなものが感じられ、多分に権力闘争の一環としてとらえるべき発言かもしれない。その証左に、朝鮮戦争勃発以降、鳩山は明確に片面講和と再軍備を念頭においた日本防衛論を説くようになる。

このような策動的な鳩山の姿勢からも、一九五〇年六月と八月の天皇メッセージにある「日本の国民を真に代表し専門的助言を与えられる顧問グループ」には、鳩山一郎やその周辺の政治グループは全く想定されていなかったとみなされよう。

二．鳩山・ダレス会談の舞台裏 ―鳩山一郎とその周辺の動向―

一九五〇年六月二五日の朝鮮戦争勃発は、いまだ占領下にあった日本のその後の国家方針を決定づける契機となった。国内の保守派の見解は「片面講和・米国による日本安保」論で固まりつつあったが、朝鮮戦争の発生により、共産党や社会党といった革新政党以外の政治勢力からは、「片面講和・米国による日本安保」論に加え、第三国からの直接侵攻に備えるための再軍備論が公然と唱えられるようになっていた。

前述したように、「全面講和・永世中立」論まで考慮していた鳩山一郎も、朝鮮戦争勃発後は講和や安保に対する見解を改め、石橋湛山ら盟友と対処法を協議していく。戦争勃発直後の六月二八日、鳩山は料亭で石橋を含む数人と協議の場を設けており、そのなかには公職追放中の石井光次郎も同席していた（『鳩山』上50・6・28）。同日の鳩山を中心とした協議につき、出席者の日記や関係資料を探ってみたが、詳しい内容を把握することができなかった。いずれにせよ、朝鮮戦争勃発という事態をうけ、その対応について話し合われたことは確かであろう[23]。

朝鮮戦争勃発という非常事態の到来を目の当たりにし、鳩山周辺で今後の対応を検討する気運が高まっていったように、国内の政治勢力でも同様の動きが生じていった。前首相で、当時、昭和電工事件により起訴中の身であった芦田均も朝鮮戦争の勃発に衝撃をうけ、第三次世界大戦への拡大、アジアにおける共産勢力の勃興に対応するため、国連軍への協力、志願兵制の採用という軍事的措置の必要性を指摘しつつ、中央政界で超党派体制を構築すべしとの意見を提言していく[24]。

芦田のほかにも超党派体制の構築を求める声は政界からあがっていたものの、政権を率いる吉田首相はこれに否定的であった。芦田が伝え聞いた情報では、「MacArthur は吉田氏を深く信頼して、今時の政界ゴタゴタは困る、次の選挙まで現状でいくのだ〔中略〕だから超党派外交も幣原〔喜重郎・衆議院議長〕さんと其点で多少違つてゐる」(『芦田』③50・12・7)とのことで、吉田はマッカーサーとマンツーマンの関係で築いてきた外交一元化の体制を維持したうえで、他党の協力を求めるという姿勢を崩さなかった。優柔な吉田の姿勢に業を煮やした芦田は吉田との協力を諦め、単独で再軍備論を主張していく。ただし、芦田は鳩山派との連携には消極的だったようで(同前50・12・29)、あくまで個人や所属する国民民主党のなかでの活動に専念していく。

政権を担う吉田首相が外交一元化の方針を堅持し、マッカーサーやダレスら米国側要人との交渉によって時局を乗り切る姿勢を崩さない以上、芦田が訴えるような超党派体制の構築という、政界全体を巻き込むような動きには発展しなかった。

いっぽう、天皇や側近も朝鮮戦争勃発の報をうけ、政治的な動きを活発化させていく。前節で紹介したように、朝鮮戦争発生の直前に来日したダレスと日本側要人が六月二二日に夕食会を開いた際、宮内庁式部官長の松平康昌もその場に同席した。夕食会では当日に行われた吉田・ダレス会談の模様や渡辺武大蔵省財務官から日本の自発的基地提供の意向が語られるなど、講和や安保問題についてかなり突っ込んだ会話が交わされたものの、松平が積極的に発言することはなかった[25]。

この日の協議内容は、出席した松平から天皇のもとに伝えられているはずである。そして、三日後の朝鮮戦争勃発という事態をうけ、六月二六日に天皇の口頭メッセージが松平を介しダレスのもとへ届けられるという経過を経ていく。

公職追放の身にあり、政界の表舞台から去って久しい鳩山が急遽、脚光を浴びるきっかけとなったのが、一九五一年二月に来日したダレスとの会談であった。大統領特別顧問兼対日講和問題担当の大使格たるダレスとの二月六日の会談は、政界における鳩山の存在感を改めて示すことになり、政界復帰後のしかるべき地位を確約させる要因ともなった。実際、鳩山はダレスとの会談後、仲介にあたったパケナムに対し自由党内における鳩山派への支持向上について謝意を表している。また、妻の鳩山薫もパケナムに、「ダレスさんの訪日以来、党の目ざとい人たちがご機嫌うかがいにくるようになりました」[26]と語っている。

鳩山の政界復帰を印象づける契機となったダレスとの会談はどのように準備されたのであろうか。じつは、両者の会談の仲介役を果たした者こそ、ACJのカーンとパケナムであった。鳩山とACJとの接点を示す日本側の資料としては、『鳩山日記』の一九五〇年一二月一二日条にパケナムの名前が初出する(『鳩山』上50・12・12)。鳩山自身も後年、「あの会談に尽力したのは米誌ニューズ・ウィークの東京支局長のパケナム君であつた。〔中略〕パケナム君が私のところにやつて来て『ダレス氏から鳩山氏の推薦する五、六人の人に会いたい、といつて来ているから、あんた誰か人を選択して用意しておいて下さい』という。そこで私は石橋湛山、高碕達之助、小林一三、石井光次郎、野村吉三郎の諸君の名前をパケナム君に知らせておいた」[27]と回想している。また、鳩山・ダレス会談に際し鳩山グループ間の連絡役を務めていた木舎幾三郎も、当時を追憶して次のように述べている。

木原道雄君が『政界往来』復刊の下相談にやつて来ての話に、『近くダレスが来るそうですが、何とか鳩山さんに会わせて吉田に一泡吹かしてやろうじやありませんか…』といい出したのがキッカケとなり、それがだんだんに具体化して、いよいよ、ダレスの方も会談を承知して来た。〔中略〕木原君が、何故、鳩山・ダレス会談を考え出したか、その真意はいまもつて判らない。〔中略〕ただダレス・鳩山会談について先年渡米し元ニユース・ウイークにいたカーン氏と会つた際、何かの話から鳩山さんの話が出ると、『あの時こちらでパキナム君の糸を引いていたのは僕なんですよ…』ときかされてびつくりした[28]。

鳩山と木舎という当事者の回想から、鳩山・ダレス会談の背後でＡＣＪのカーンとパケナムが介在し、会談のお膳立てをしていた事実がうかがえる。米国情報機関のレポートでも、「あるイギリス人〔パケナム〕はシーボルト〔ウィリアム・シーボルト William Sebald〕大使を通じて、鳩山とダレスとの間の会見を手配した」[29]と記しているので、ダレスに鳩山を引見させようと画策していたのは、カーンとパケナムであったと断定できる。

鳩山はダレスと会う際の同席者として石橋ら数名の名前をあげており、パケナムとの接触直後から彼らに連絡を入れ、会談に向けた準備をすすめていく。パケナムとの会談から三日後の一二月一五日、鳩山は自邸に野村、小林、石橋を招いて会合を開き、来春来日予定のダレスとの会談時に提出すべき意見書の作成と討議の場を設ける件を申し合わせた（『小林』③50・12・14～15）。鳩山邸での会合後、出席した野村、小林、石橋はそれぞれ意見書の作成にとりかかる[30]。

鳩山はダレスへの意見書のなかで再軍備構想についても提起するつもりであった。そのため、海軍方面は野村に、陸軍方面は服部卓四郎に再軍備案の準備を依頼する。旧海軍軍人のなかで模索されてきた海軍再建運動は、鳩山・ダレス会談が取り決められてから、野村を中心に一つに収斂されていく。一九五〇年一二月には野村派と第二復員省系の富岡定俊（元軍令部第一部長）らのグループが接近し、翌一九五一年一月には保科善四郎（元海軍省軍務局長）が野村のもとを訪ね、ダレスに陸海空三軍同時発足の意見書を提出すべきことを提案する。これに対し、野村は「旧友パケナムを介し野村及鳩山一郎、石橋湛山、高碕達之助氏等とダレス特使との会談を計画し数回打合を行っており」と応じ、保科の提案に同意している[31]。

いっぽう、陸軍方面では鳩山が服部のもとを訪ね、ダレスとの会談に際して再軍備案の作成を依頼し、鳩山と服部グループとが急激に接近していく。米国中央情報局（ＣＩＡ）の情報には、鳩山と服部との関係について次のように紹介している。

まず、一九五一年早春に服部卓四郎が突如、鳩山邸に招かれ、鳩山から「トルーマン大統領特別補佐のダレスが来日した際の会見を設定されており、その際に日本の再軍備案について説明したい」との暗示をうけた。鳩山は自身の見解として日本の再軍備の必要性を訴えつつ、「自分はこの件では素人なので、ダレスに主張すべき軍事意見について服部の見解を求めたい」と依頼したという。服部は鳩山の熱心な姿勢に深い感銘をうけ、すかさず日本陸軍の早急な再建について自身の意見を鳩山に伝えた[32]。

服部らのグループは政権を担う吉田茂にも接近を試みていたが、吉田のブレーンとなっていた辰巳栄一や松谷誠らの旧陸軍関係者から警戒され、政権中枢の再軍備計画から排除されていた。そのため、服部グループは鳩山との接触を契機に、鳩山グループを通じた再軍備運動をすすめていくようになる[33]。

鳩山グループによる意見書の作成作業は、鳩山邸での申し合わせ後、各自のもとで練りあげられ、翌一九五一年に入ると、各意見書を検討するため協議会の場を設けて推敲を重ねていった(『鳩山』上、『石橋』上、『小林』③の各51・1・13、25)。この間、仲介役のパケナムは何度も鳩山に呼ばれて私邸を訪ねたほか、一月二五日のグループ協議会にも出席し、意見を述べている[34]。この日の協議会で、小林一三が「共産党を除き挙国一致に平和工作の大方針を樹立するを目的とし」「此会議によつて立案したる意見書をダレス氏に見せて其賛意を得た上は〔中略〕挙国一致的行動を取る」(『小林』③51・1・25)べきだと提言すると、野村吉三郎とパケナムもこれに賛同した。

各自の意見書と数回の検討会を経て、鳩山グループは「国内対策として共産党を除く挙国一致による国家政策の策定、米国による日本の安全保障と国内での志願兵制による再軍備への着手、これらを実現できる有為な人材の結集のため公職追放解除の必要」という見解を共有し、ダレスに手交する意見書に反映させることになった[35]。このうち、再軍備に関する内容については、従来の経緯から陸軍の服部案、海軍の野村案を基礎にまとめられたはずである。

例えば、服部卓四郎のグループは一九五一年一月一五日付で「講和会議に於ける軍事問題に関する観察」という再軍備私案をまとめ、このなかで徴兵制に近い必任義務兵制による国民軍と駐留米軍による共同防衛、旧軍の悪弊を除去した民主主義的軍隊の設置を提言しており[36]、文書作成の時期や内容から鳩山グループの再軍備論に大きな影響を与えていたことがわかる。

ここで、鳩山とダレスとの会談にむけ、天皇、側近が鳩山やその関係者の推挙にどこまで関与していたのかという点を検証しておきたい。まず、昭和天皇と鳩山との接点についてだが、天皇と鳩山が直接面会したという記録は見いだせない。鳩山自身の日記はもちろん、盟友の石橋湛山の日記、その他、関係者の資料類を調査しても、鳩山グループと天皇とを直接結びつける証拠はでてこなかった。

また、側近との関係についても、鳩山との直接的な交渉を明確に示す資料は見あたらない。ただ、鳩山・ダレス会談に向けて結集した鳩山グループの面々と側近との間にはかすかな接点を見いだせることも事実である[37]。なかでも、野村吉三郎は前述した一九四九年一〇月の天皇への内奏（講和・安保論）に代表されるように、この時期、田島道治長官や松平康昌式部官長と何度も会っており、講和問題や再軍備を含む安保問題についても協議していた形跡をうかがわせる[38]。

さらに、鳩山と服部卓四郎の接近の背後には、松平康昌が介在していた可能性も指摘しておきたい。先に紹介したＣＩＡの情報でも、「鳩山が突如、服部を招いた」と記しているように、それまで接点のなかった両者が、鳩山・ダレス会談の予定が組まれた直後に急接近しているのである。同じＣＩＡ文書によると、服部と松平康昌との関係について、①東条英機の首相秘書官を務めた赤松貞雄の紹介を通じて両者が知り合い、その後、友好関係を結んだこと、②赤松、服部と松平が毎週一回程度の会見の場を持ち、双方で秘密の情報を交換しあっていたこと、③赤松と服部が松平との緊密な関係を維持していたのは宮中とのパイプを維持したかったから、などの諸情報が列記されている[39]。松平康昌と赤松貞雄との関係については、赤松自身、戦後の回想で松平との交歓関係、松平の軍事方面への情報収集活動の一端について語っており[40]、ＣＩＡ情報の信憑性が裏づけられる。

このほか、田島宮内庁長官のある日の日記には、松平からもたらされた情報として、「松谷ノ話」(「田島」50・2・2)とでてくる。「松谷」とは終戦工作で松平と頻繁に連絡を取りあっていた松谷誠であろう。戦後、松谷は第一復員省に籍を置きつつ(一九四九年三月に公職追放)、吉田茂のもとで軍事問題を扱うブレーンとしても活動し、戦時中から付き合いのあった松平とも情報交換に努めていた。松平は松谷から得た旧陸軍方面の情報を田島に報告していたと思われ、「田島日記」の未公開部分には、このほかにも松谷や服部卓四郎の名前が記載されている可能性をうかがわせる。

つまり、天皇や側近は情報収集役の松平康昌を介し、旧陸海軍関係者による再軍備構想の概要を知り得る立場にあった。また、野村吉三郎は宮中に参内した際、田島長官や松平に直接、海軍の再軍備計画案を伝えていたのではないだろうか。あくまで想像の域を脱しないものの、鳩山やその周辺に位置する政治家と野村、服部ら再軍備をめざす旧陸海軍関係者、そして、松平康昌を介した宮中とが結びついていた可能性は否定できない。ただし、そこに天皇の意思や指示が作用していたと主張することを資料から裏づけることはできなかった。

三．鳩山・ダレス会談の舞台裏　―ダレスとその周辺の動向―

本節では鳩山・ダレス会談にむけた舞台裏を米国側の視点から分析していく。対日講和問題担当の大使となったダレスが鳩山グループとの会談に応じた背景を分析し、同時に天皇や側近による外交問題への介入があったのか、なかったのか、あったとすれば、その行為がダレスや米国の政策決定にどの程度影響を与えたのかを明らかにしていきたい。

前節で追放中の鳩山をダレスとの会談相手に担ぎだしたのは、ＡＣＪのカーンとパケナムであったという事実を紹介した。日本ではパケナムが鳩山と接触し、その後も鳩山のもとを訪ねて鳩山グループの面々とも協議を行っていた。同じく、米国ではカーンがダレスへの交渉役を務めていた。ＡＣＪによるダレスや政府要人へのロビー活動については、米国側の研究によって相当の実態が解明されている[41]。

本節を書きすすめていくうえで確認すべきは、ダレスのような政府高官がなぜカーンやパケナムといった一介のジャーナリストの助言を受けいれ続けたのかという点である。まず、両者を結びつける前提として、ダレスとカーンらＡＣＪ関係者の間で「アジアにおける共産主義に対抗し、その侵入を阻止しようとするアメリカの活動の中心に日本をすえること」[42]という政治方針を共有していたことがあげられる。

対日講和に臨む姿勢につき、ダレスは政府関係者との協議の場でも、「日本の産業的潜在力が共産主義者らの手に落ちたなら、世界規模で共産主義の脅威が増す」「現在の我々にとっての主要な問題は、日本の将来における安全と経済的安定にある」「アメリカの関心は日本をなるべく我々の陣営に留めておくことにある」（*FRUS 1951, vol.VI*, p790, p805）と強調している[43]。

極東の情勢が深刻化し、米国の世界戦略に占める極東要因は時の経過とともに重要性を増していったが、このような情勢下、ダレスは対日講和問題担当の大役を任された。ただ、ダレスは自身で「極東に大きな関心はあるが、欧州ほどにはこの地域についての知識は持っていない」と語っているように、ヨーロッパに比し日本に関する知識を有していなかった。それゆえ、ダレスは米国内の日本専門家や日本の政治家に対し聞く耳を持っていたのである[44]。

日本に関する知識を欲していたダレスにとって、グルーやキャッスルといった駐日大使の経歴をもつ知日派の重鎮を名誉職に擁し、カーンやパケナムを介して日本側の政官財界とのパイプも生かせるＡＣＪは、多分に利用価値のある組織として映ったに相違ない。実際、ダレスは初来日した一九五〇年六月に様々な業界要人と会見しているが、そのなかでカーンとパケナムがお膳立てした六月二二日の会合も含まれ、前述したように、その場には松平康昌も出席していたのである。その後、天皇の文書メッセージでもカーンとパケナムが介在して、ダレスのもとに届けられているように、ＡＣＪが日米間の「非公式チャンネル」[45]として機能していたことは確かである。

ここで慎重に検討すべき点は、ダレスが「非公式チャンネル」をどうとらえていたかである。「天皇外交」の政治的影響力を立証するためには、ダレスが天皇について外交政策に影響を及ぼしうる政治権力の主体として、吉田政権と同等視していた事実を明らかにしなければならない。

ダレスは一九五一年一月、トルーマン大統領によって大統領顧問から講和問題担当大使に昇格任命され、講和・安保問題を本格的に交渉する目的で再来日する。ダレス一行の再来日に合わせ、日本で会見すべき人選がすすめられた。人選は日本にいるシーボルト外交顧問が中心となってすすめられていったが、マッカーサーは日本側の交渉相手を吉田首相兼外相に限定すべきで、吉田政権に攻撃材料を与えかねない野党指導者ら複数の政治家と接触すべきではないという持論をシーボルトに語っていた（*FRUS 1950, vol.VI*, p1312）。

いっぽう、シーボルトはダレスの会見相手として、吉田ら政権担当者に限らず、有力な野党指導者をも加えようと考慮していた。ダレス一行が来日した翌日、一月二六日に開かれたスタッフ会合の席上、シーボルトは「日本の左右に位置し何の政治責任も負わない野党は別として、複数の野党指導らとも協議することが望ましい」と述べ、さらに、「条約締結後に吉田首相の後継者となるであろう鳩山一郎のような著名な追放者と会うべきかどうか」を提起した（*FRUS 1951, vol.VI*, p811-815）。

シーボルトの発言後半は多分に示唆的である。この文書をまとめたロバート・フィアリー（Robert Fearey・国務省極東局北東アジア部日本課勤務、ダレス来日時に補佐官として随行）は鳩山との会見を指して、「天皇側の代表者のような数人とのプライベートでの会見」(*ibid*) とメモに筆記している。結局、ダレスの会見相手はシーボルトが選定し、シーボルト邸でのレセプション形式で複数回開催することを申し合わせ、ダレスもこれに同意した。鳩山を会見候補に推す一方で、シーボルトはマッカーサーの意向にも配慮し、ダレスが多数の追放該当者と接触しないよう注意も促していた (*ibid*)。

一月二六日の会合でシーボルトがダレスの会見相手として鳩山グループを推したのは偶然ではない。パケナムが鳩山に接触してダレスとの会談を準備したように、米国側ではカーンが策動して、ダレスやシーボルトに鳩山グループとの会談を申し込んでいたのである。二六日から先立つ一月一五日、カーンからダレスに宛てて手紙が発せられ、パケナムが日本での会見相手について準備していること、その会見は日本の宮中側から提案されたもので、昨年夏の天皇メッセージの延長を意味しており、シーボルトもパケナムの判断を支持するであろうと伝えてきた[46]。

ダレスがカーンに謝意の返書を送ると、カーンはさらに同一九日付の手紙で、新憲法下で戦争を禁じられた日本人の間でも武装解除条項への不満が募っていること、一方で敗戦を経験した日本人の多くが戦争に拒否感を示し、非武装中立論への一定の理解が広まっている状況を伝えるとともに、日本人の誰もが現在のような占領方式の講和を望んでいないというパケナムの言葉も添えられていた[47]。

このうち、一月一五日付書簡でカーンが記している「宮中側から提案された会見」という箇所は重要である。『鳩山日記』一九五〇年一二月一二日条にパケナムの名前が初出することは前述した。カーンのダレスへの言葉が正しければ、一二月一二日以前に宮中側からパケナムへの働きかけがあり、それを受けてパケナムが鳩山に接触してきたという経緯になる。パケナム日記を分析した青木氏の研究によれば、パケナム日記に鳩山の名前が初出するのは一九五一年一月一七日だという[48]。青木氏の研究でも一九五〇年一二月の動向、とくにパケナムと宮中側との接触の実態が明らかにされたわけではなく、天皇が松平康昌にパケナムと懇意にするよう命じたのではないかという推測を指摘するにとどまっている[49]。

天皇が鳩山一郎という個人名をあげ、松平康昌から米国側へ推挙するよう指示したとは思えない。しかし、カーン書簡にある「宮中側から提案された会見」が事実だと仮定するならば、斡旋役は松平・パケナムのライン以外には考えられない。松平は戦前の内大臣秘書官長時代から情報収集活動の延長で独自の行動をとることがあり[50]、今回も天皇の意向を推し量って動いたようにみえる。松平は上司への報告や連絡、相談という情報管理の基本を忠実に守り、田島が宮内府長官として赴任してからも、その姿勢を崩すことはなかった。同じ情報役でも、寺崎英成が天皇との極秘の情報ルートを固守しようとしたため、田島や吉田首相の不興を買って更迭されたのと対照的である。松平は組織における情報管理の基本を徹底させていたがゆえ、トップの田島長官にも信頼され、独自の行動を保障することにつながったのであろう。

ただし、松平も鳩山と深い関係を築いていた形跡はなく、パケナムに特定の人物を推薦していたとするならば、牧野伸顕が提案し、「天皇メッセージ」の時にも想定されていた野村吉三郎ら「ACJ日本支部」の面々であったと思われる。鳩山はシーボルトの人物評にもあるように、カーンやパケナムらACJ側の方で「吉田茂の後継者」として位置づけられ[51]、ダレスの交渉相手として推挙されたのではないだろうか。

シーボルトは一九五一年一月二六日のミーティングで申し合わせたように、ダレス来日中の会見相手を選定し、準備を整えた。結局、ダレスは来日中、吉田首相や外務省幹部といった政府関係者のほか、国民民主党、社会党、緑風会、女性議員代表ら各党指導者ともシーボルト邸でのレセプション時に会見を行った[52]。さらに、鳩山グループとの会談の翌日、二月七日には芦田均とも数分間の会話を交わし、ダレスが集団安全保障下での日本の努力を求めると、芦田は「だから私は再武装を主張している」（『芦田』③51・2・7）と返答した。

このように、ダレスは吉田ら政府関係者のほか、鳩山グループを特別扱いしていたわけではない。会見相手を選考したシーボルトが「ダレスは、日本国民の考え方について、あらゆる濃淡を知ることができた」[53]と回想しているように、ダレスは講和・安保問題に対する日本の有力者の見解を把握するため、幅広い階層の人々と接触していたのである。

　鳩山グループとダレス一行との会談は、一九五一年二月六日にダレスらの宿舎となった帝国ホテルの一室で行われた。鳩山グループはダレス宛意見書の作成に携わった全員が参加したわけではなく、鳩山のほか、石橋湛山、石井光次郎が同席し、旅行中の高碕達之助、野村吉三郎と在阪の小林一三は参加しなかった（『小林』③51・2・11）。会談の内容について、鳩山と石橋の日記には詳しいことまで記されておらず、同席したパケナムの日記を紹介した青木氏の研究でも、会談の経過とダレスの反応がわずかにふれられている程度である[54]。

　今回、調査した石井光次郎の日記には両者間の会談内容が会話形式で記されており、詳しい経過を知ることができた。「石井日記」によると、鳩山がダレスによる米国の日本防衛の保障という発言に安堵し、講和について米国と講和が成立すれば連合国全体との講和が成し遂げられたほどの効果を持つという見解を伝えた（「石井」51・2・6）。その後、ダレス側から「ＧＨＱの政策をどう思ふか」と聞かれ、石橋が「失敗だと思ふ。早く政策を改めてほしい」と返答すると、ダレスは「ＧＨＱの政策〔の〕変更を議するのは吾等〔の〕使命ではない、自分達は媾和の事のみについて権限がある」（同前）と、マッカーサーへの配慮からか、ＧＨＱの占領政策に反対するような言質を与えなかった[55]。

　続けてダレス側から安全保障面を念頭に、「日本は無為無策だ」「米国は日本に再軍備を強制はせぬ、同時に米国はいつまでも日本を守つてをるやうな事はない。それをよく日本人は考へてほしい」などと指摘されると、鳩山は「日本内地の事は日本で守る（インダイレクト、アグレッシヨン）。外国からの攻撃は集団保障〔で〕願ひたい」（「石井」51・2・6）と応じた。鳩山は共産国の使嗾による国内の間接侵略には日本で対処するが、他国からの直接侵略には米国との集団安全保障で対処せざるを得ないという安保論を伝えたのである。

　また、石橋が講和達成後に駐留米軍が撤退し、その後にソ連が襲撃してきたらどうするかと問うと、アリソンは「ロシアが襲撃した方が利益と思へば、襲撃してくるだらう。彼等は常に計算づくで動く。米国が日本にある間は米国は戦ふ。引上げた後は別問題だ」（同前）と、駐留米軍の基地使用継続問題と絡め、牽制するかのように突き放す言葉を返した。なお、会談を終えてダレスが引き下がった後、アリソンは鳩山らに吉田首相の交渉態度を批判する言葉を投げかけている。

このほか、二月六日の会談に同席しなかった野村吉三郎は旧海軍関係者を束ね、米極東海軍司令部幹部やシーボルト外交顧問に海軍再建案を提示する活動を続けていた。野村は来日したダレスにも事前に海軍再建案を手交させたうえ、二月三日にシーボルト邸でダレス、アリソンと会見し、両者から御礼と興味を示す反応を得ていた[56]。なお、この日のレセプションには宮中から松平康昌も招かれ出席しているが、ダレスやアリソン、野村らと接触したのか、何を話したのかという点については不明である。翌四日にはダレス一行を鴨猟で接待することになっていたので（「田島」51・2・4）、その件を伝えた可能性はあろうが、それ以上の政治的な会話まで交わされていたかどうかは定かでない。

四．「天皇外交」の検証

一九五一年二月六日の鳩山・ダレス会談をはさみ、同四日にはダレス一行を接待するため宮内庁管轄の埼玉鴨場で鴨猟が、同一〇日にはダレス夫妻とシーボルト夫妻の天皇拝謁が行われた。一〇日夕方にはダレス主催のレセプションが開かれ、出席した田島宮内庁長官が「陛下ノ御伝言」（「田島」51・2・10）を伝えている。このうち、ダレスの天皇拝謁については、吉田首相からダレスに天皇表敬を打診し、ダレスが本国の国務省に照会したうえ、自身の妻とシーボルト夫妻同伴という政治色を払拭した形式を条件に、表敬に応じることになった（*FRUS 1951, vol.VI*, p871）。

ダレスが天皇に拝謁した際の様子について、『昭和天皇実録』では来日中に滞在した箱根の印象や四日の鴨猟の模様について語り合ったことしか記されていない[57]。ところが、米国の外交文書には、両者が非政治的な事柄に関するしばしの会話を交わした後、次のようなやりとりがあったと記載されている。

私〔シーボルト〕の提示により、ダレス大使は簡潔に彼の訪問中における成果を〔天皇に〕説明し、アメリカや連合国と日本との間で締結されるであろう条約の様式について論評した。また、ダレス大使は日本の要求に従って日本が自身の防衛力を用意できるようになるまでの暫定的な措置として、アメリカ軍が日本に駐留するという二国間協定について簡潔に説明した。この説明への返答として、天皇は全面的な同意とダレス使節と日本政府との間で果された交渉が友好的な態度であったことにつき謝意を表した（*FRUS 1951, vol.VI, p873*）。

続けて、ダレスが今後の講和条約の実現にむけた天皇の支援を求めると、天皇もこれに同意したという(*ibid*)。「天皇外交」の展開と政治外交面への影響を強調する豊下氏は、一九五〇年四月の池田勇人蔵相訪米時における自発的基地提供のオファ、同年六月の松平康昌同席のダレスとの会談、その後の口頭、文書の二つの天皇メッセージ、そして、一九五一年二月の鳩山・ダレス会談、ダレスの天皇拝謁までを「天皇外交」の一連の流れとしてとらえている。そして、天皇がなぜ鳩山に期待したのかという点について、豊下氏は「当時の昭和天皇にとって何より重要であったことは、鳩山をダレスに会わせることによって、吉田や外務省とは異なるレベルで、日米間の安保保障問題について『きわめて価値ある助言と支援』を供与することであった」[58]と指摘する。

天皇が戦後も安保、外交問題や国内の治安問題に強い関心を示し、歴代首相をはじめとする主要閣僚への内奏要求や、「沖縄メッセージ」のように側近を介して米国要人に自身の意思を伝達させていたことは周知の事実である[59]。敗戦直後から共産主義への警戒心を抱いていた天皇にとって、朝鮮戦争の勃発はソ連と共産主義の脅威を強烈に印象づけ、日本への直接、間接侵略という危機感を一層募らせる契機となった。実際、口頭、文書の二つの「天皇メッセージ」も朝鮮戦争勃発直後に起こしたアクションであった。このような天皇のソ連、共産主義への警戒心が宮中サイドからダレスらへの行動の要因となったことは確かであろう。

では、ダレスの天皇拝謁にいたる一連の過程をどう解釈すべきか。たしかに、鳩山・ダレス会談の背後には、松平康昌や田島宮内庁長官といった天皇側近の影も見え隠れする。鳩山にダレスとの会談を打診したパケナムの日記によると、鳩山・ダレス会談から数日後、吉川重国宮内庁式部官から連絡があり、田島が鳩山とダレスを会せてくれた礼を述べ、「そのことは日本人にとって必要なことであり、心より感謝します」と伝言し、松平もパケナム邸を訪ねてお礼の品を届け、鳩山の件につき、「これからのことで必要なことです」と語ったという[60]。

パケナム日記に記された鳩山・ダレス会談に対する田島、松平康昌の返礼行為につき、「田島日記」をはじめとする、閲覧、利用可能な宮中関係者の資料には何もでてこない。そのため、パケナム日記の記述を裏づけることはできない。仮説しか提示できないが、パケナム日記の記述が正しければ、田島と松平の背後に天皇が存在していたことは確かであろう。独自に行動することもあった松平だけならばともかく、宮内庁長官として職務管理を厳しく律していた田島も関与していたとなると、パケナムへの働きかけについて、少なくとも天皇に報告はあがっていたと考えるのが自然である。

ただ、天皇と田島も人物斡旋に関与していたとなると、パケナムに推挙したのは鳩山一郎個人ではなく、天皇の信頼の厚かった牧野伸顕が親英米派を想定しつつ主張していた「ACJ日本支部」を構成するメンバーだったのではないだろうか。何度もいうように、戦中を含めて天皇と鳩山を直接つなぐ接点はなく、公職追放中の身であった鳩山を天皇が個人的に高く評価して推挙したとは思えない。パケナム日記で田島と松平が「これからの日本にとって必要なこと」というのは、講和達成後の安全保障問題を担う次期政権を想定しての言葉と理解すべきであり、そのなかの首相候補者の一人として鳩山も考慮していた、と広義に解釈すべきである。

つまり、宮中側から鳩山グループ推挙の工作があったとしても、その行為自体、吉田政権を否定したり、ましてや吉田の頭越しに「天皇外交」を展開させ、日本の政治外交を操ろうという意図から発せられた行動ではない。実際、吉田は講和問題に関する米国側との交渉経過や進捗具合について適宜、天皇に内奏している。ダレス来日中の一九五一年二月一四日にも吉田はダレスとの交渉内容について天皇に内奏し、天皇もこれに納得している[61]。天皇は吉田に国政を委ねており、吉田のほうも政治責任を背負って国政に臨み、必要に応じて天皇に内奏（政務報告）していた。象徴天皇制下とはいえ、天皇をイギリス国王のように「報告を受ける権利」を有する君主と理解していた吉田にとって、天皇への政務報告は当然の義務と心得ていたし、一方の天皇も、同じく内奏を象徴天皇の「権利」として受けとめていた[62]。

ただし、吉田は首相という立場で政権を担っているがゆえ、追放解除後には有力なライバルとなりうる鳩山の言動には警戒心を抱き、鳩山・ダレス会談にも探りを入れていた。鳩山・ダレス会談に同席した石井光次郎が訪ねてきた際、吉田は「ダレスか〔が〕鳩山と会はれたそうだが、どんな話でした」（「石井」51・3・6）と率直に尋ねている。

他方、「天皇外交」の受け手となるダレスら米国側は、天皇の言動をどう受けとめていたのであろうか。仮に米国側が天皇の発言や意思を受け、講和や安保問題に関する政策に影響を及ぼしていたのであれば、吉田政権の思惑とは無関係に、「天皇外交」が機能していたことになる。

結論からいえば、ダレスらは天皇の言動に関心を寄せつつも、米国の政策決定に直接影響を及ぼす存在として受けとめてはいなかったといえる。一九五一年二月一〇日のダレス拝謁時に、ダレスが今後の講和条約の実現にむけて天皇の支援を求め、天皇もこれに同意したというやり取りを先に紹介した。このダレスの発言は外交上の社交辞令であり、政治アクターとして外交に介入することを期待して発せられた言葉ではない。

天皇との拝謁に先立ち、ダレスらがスタッフ会議を開いた際、講和問題に対する天皇の意思が話題となった。ダレスが「天皇が講和条約締結過程において、いかなる役割も果たすであろうとは考えられない」と語ると、ネルソン・スピンクス（Nelson Spinks）使節団第一秘書も、「記憶の限り、天皇は旧体制下においてさえ諸条約に署名することはなかった」と応じた（*FRUS 1951, vol.VI, p864*）。ダレスらは日本の政策決定過程において天皇の政治的影響力はないと解釈していたのであり、あくまで、政権を担う吉田との交渉を重視していたといえる。鳩山や芦田ら有力政治家との会談も極東に関する専門的な知識を持たないダレスが、幅広く日本側の意見を求めるために実行したまでである。

結果として、天皇と鳩山グループ、野村吉三郎らが求めていた「片面講和・米国による日本の安全保障・国内基地の継続使用」という講和・安保論と、ダレスやカーン、パケナムらACJメンバーが理想視していた講和・安保論が合致していたため、一見、「天皇外交」が政策決定に影響を与えたかのようにみえる。

しかしながら、このような講和・安保論を米国側と協議して取り決めたのは吉田政権にほかならない。天皇自身は吉次氏が表現するように、「戦後日米関係において無視できないアクター」として国政への関心を寄せつづけていたものの[63]、「天皇外交」はあくまで受け手が反応してこそ機能するものであり、鳩山・ダレス会談や講和・安保問題については、政策決定に影響を及ぼすほどに「機能しなかった」と解釈すべきである。

おわりに

一九五一年二月の鳩山・ダレス会談を題材に、戦後の「天皇外交」について検証作業を行ってきた。結論として、「天皇外交」が機能するには受け手の政権担当者の反応が必要であり、今回の場合、吉田もダレスも天皇の政治意思とは関係なく、講和・安保問題を処理していったという分析結果を導きだした。その一方、従来から指摘されてきたように、昭和天皇は新憲法下の象徴天皇制のもとで「国政に関する権能を有しない」（第四条）存在となったにもかかわらず、外交、安保、思想問題への関心を示し続け、時に自身の政治意思を側近から国内外の権力者に伝えさせることもあった。このような天皇の行為は憲法の規定に照らせば、明らかな逸脱行為であったといわざるをえない。

しかし、天皇が特定の政治意思を示したとしても、現実に政策決定権をもつ受け手が影響をうけて行動しない以上、天皇の意思、すなわち政治的影響力は発揮されないこととなる。「天皇外交」が「展開」することと、「機能」することは別次元の話である。講和問題と安保問題が重要課題となったこの時期についても、天皇の意思が吉田茂やダレスといった政策決定権者に影響を与えたといえない以上、「天皇外交」は、その「展開」が認められるとしても、政治上の影響力を持ちえるほど「機能」していなかったと解釈すべきであろう[64]。

新憲法下における象徴天皇の能動的な言動は、我々のような研究者でも資料上の制約から、その実態を十分に把握するには至っていない。生涯を通して政治外交、治安問題に強い関心を抱き続け、歴代の首相をはじめとする主要閣僚に内奏を求めていた昭和天皇に比し、平成の明仁天皇の代になると内奏の質や天皇の関心も変化していったという話をよく聞く。

いっぽうで、明仁天皇が麻生太郎内閣時代の二〇〇六年に、北方領土問題の解決策として面積二等分論が提起された際、それに反対したという鳩山由紀夫元首相の伝聞談もある[65]。鳩山談によれば、現代でも象徴天皇が外交問題について持論を述べる機会があるということになる。今後の資料公開や発掘により、平成や令和の「天皇外交」の一端が示されることがあるかもしれない。

昭和天皇と明仁天皇への内奏の回数や内容からその比較を論じた冨永望氏は、昭和天皇については『昭和天皇実録』という文献資料を調査したのに対し、明仁天皇については宮内庁のウェブサイトに掲載されている「御日程」情報を利用しながら解析した[66]。現代に近づけば近づくほど資料が少なくなるのは歴史学研究の常であるが、とくに「天皇外交」のようなテーマにとって、天皇や側近の言動を記した質の高い文献資料は欠かせない検証材料となる。

本章では、天皇や側近の資料がほとんどない状況のなかで、元側近の牧野伸顕や鳩山グループ、ダレスら米国側の資料を分析し、状況証拠を積みあげる形式で天皇の意思や影響力について検証せざるをえなかった。パケナムの日記を利用した青木氏の研究により、「天皇外交」の一端が解明されたように、天皇、宮中と日米要人の連絡役を務めた松平康昌宮内庁式部官長の行動を把握できるようになれば、象徴天皇制下における「天皇外交」研究は一気に進展するであろう。

1 進藤榮一「分割された領土」(『世界』第四〇一号、一九七九年四月号)、ロバート・D・エルドリッヂ『沖縄問題の起源』(名古屋大学出版会、二〇〇三年)第五章、吉次公介「知られざる日米安保体制の〝守護者〟」(『世界』第七五五号、二〇〇六年八月)、茶谷誠一「新史料発見 御用掛・寺崎英成一九四九年日記」(『中央公論』二〇一五年九月号)など。

2 その先駆的研究ともいえるのが、前掲進藤「分割された領土」であり、前掲吉次「知られざる日米安保体制の〝守護者〟」も米国の新公開の外交文書を用いた研究成果である。

3 横田耕一『憲法と天皇制』(岩波新書、一九九〇年)、五十嵐武士『戦後日米関係の形成』(講談社学術文庫、一九九五年)、前掲エルドリッヂ『沖縄問題の起源』など。

4 豊下楢彦『安保条約の成立』(岩波新書、一九九六年)Ⅶ章。

5 豊下楢彦『昭和天皇の戦後日本』(岩波書店、二〇一五年)一六二頁。

6 前掲吉次「知られざる日米安保体制の〝守護者〟」、吉次公介「戦後日米関係と『天皇外交』」(五十嵐暁郎編『象徴天皇の現在』世織書房、二〇〇八年)、河西秀哉『天皇制と民主主義の昭和史』(人文書院、二〇一八年)第Ⅱ部第二章、青木冨貴子『昭

和天皇とワシントンを結んだ男』（新潮社、二〇一一年）など。

7　G・デイビス、J・ロバーツ著／森山尚美訳『軍隊なき占領』（新潮社、一九九六年）、楠綾子『吉田茂と安全保障政策の形成』（ミネルヴァ書房、二〇〇九年）三二七頁、楠綾子『占領から独立へ』（吉川弘文館、二〇一三年）七四頁。ただし、デイビス、ロバーツの著書は豊下氏の研究成果をふまえての見解ではなく、アメリカ対日協議会（ACJ）とジョン・F・ダレスとの関係という視点から昭和天皇の国政関与を否定する論調となっている。そのため、同書では昭和天皇の文書メッセージに部分的な改竄があると、その信憑性を疑っているほか、昭和天皇の国政介入についても、「そもそも政治に関与しない天皇がこうした工作に関与することはさらに疑わしい」（六八〜七一、七三頁）と指摘し、「天皇外交」の展開を全面的に否定している。昭和天皇の実態を無視した、このような見解も一方的すぎると思われる。

8　従来の分析と検証については、茶谷誠一『象徴天皇の成立』（NHK出版、二〇一七年）第三章、第五章参照。

9　天皇メッセージの作成経緯やACJと松平康昌ら宮中側との関係については、前掲豊下『昭和天皇の戦後日本』第II部第二章、前掲青木『昭和天皇とワシントンを結んだ男』第六章、前掲河西『天皇制と民主主義の昭和史』二四二〜二四四頁に詳しい。

10　大蔵省財政室編『渡辺武日記』（東洋経済新報社、一九八三年）一九五〇年六月二二日条。

11　前掲豊下『昭和天皇の戦後日本』一五〇〜一五三頁、前掲河西『天皇制と民主主義の昭和史』二四三頁。

12　前掲青木『昭和天皇とワシントンを結んだ男』一四三頁。

13　前掲茶谷『象徴天皇の成立』第二章参照。

14　牧野や樺山、吉田茂とグルーとの関係については、中村政則『象徴天皇制への道』（岩波新書、一九八九年）V参照。樺山愛輔が会長を務めていた日米協会が戦中の一九四四年に活動を中止した後、一九四八年六月に活動を再開したのもACJの活動と無関係ではないであろう。

15　牧野伸顕宛野村吉三郎書簡、一九四八年五月二九日付（「牧野伸顕関係文書」三八四―一、国立国会図書館憲政資料室所蔵）。野村吉三郎宛吉田茂書簡、一九四八年六月二日付、同二三日付（吉田茂国際基金編『吉田茂書翰追補』中央公論新社、二〇一一年）。

16　牧野伸顕宛ウィリアム・キャッスル書簡、一九四八年六月三〇日付（「牧野伸顕関係文書」六七二―三二―三、国立国会図書館憲政資料室所蔵）。

17　牧野伸顕宛松平恒雄書簡、一九四八年七月三一日付（「牧野伸顕関係文書」二七三―四、国立国会図書館憲政資料室所蔵）。

18　田島道治宛牧野伸顕書簡、一九四八年七月二三日付（田島圭介氏所蔵）。本書簡の閲覧と使用を許可していただいた所蔵者の田島圭介氏、仲介の労をとっていただいたフリージャーナリストの吉見直人氏に感謝の意を表す。

19　牧野伸顕宛ウィリアム・キャッスル書簡、一九四八年九月六日付（「牧野伸顕関係文書」六七二―三二―五、国立国会図書館憲政資料室所蔵）。野村吉三郎宛ハリー・カーン書簡、一九四八年一一月一八日付（「野村吉三郎関係文書」四七、国立国会図書館憲政資料室所蔵）。

20　パケナムは一九四九年四月二三日の日記に「牧野伸顕の死によって指導者の役割が自動的に樺山にうつった」と記している（前掲青木『昭和天皇とワシントンを結んだ男』九二頁）。

21　ハワード・B・ショーンバーガー著／宮崎章訳『占領一九四五～一九五二』（時事通信社、一九九四年）一七九～一八〇頁。

22　「昭和天皇への上奏草稿」（「野村吉三郎関係文書」八九八、国立国会図書館憲政資料室所蔵）、「手帳　一九四九年」（「野村吉三郎関係文書」七〇四、国立国会図書館憲政資料室所蔵）。なお、「手帳　一九四九年」をみると、野村の内奏に先立ち、一〇月一九日には田島、翌二〇日には松平康昌がそれぞれ野村宅を訪問している。双方で事前の打ち合わせをおこなっていたのであろう。

23　『鳩山日記』同日条には、同席者の名前として「野村」も記述されている。しかし、この「野村」が野村吉三郎であるかどうかは不明である。野村の手帳にも同日に鳩山らと会ったことは記されていないので、別人の可能性が高い。なお、石井光次郎は一九四六年四月、当時の鳩山総裁時代の日本自由党から衆院選に立候補して初当選、鳩山追放後には第一次吉田内閣で商工大臣を務めており、鳩山と吉田の双方に顔がきく存在であった。

24　進藤榮一編『芦田均日記』第三巻（岩波書店、一九八六年）一九五〇年七月一七日、一九日、二一日、二八日、九月一七日条など。当該期の芦田の思想や行動については、楠綾子「芦田均」（増田弘編著『戦後日本首相の外交思想』ミネルヴァ書房、二〇一六年）参照。

25　『渡辺武日記』一九五〇年六月二二日条。
26　前掲青木『昭和天皇とワシントンを結んだ男』二〇七頁。「パケナム日記」の記述。
27　鳩山一郎『鳩山一郎回顧録』（文藝春秋新社、一九五七年）八五～八六頁。鳩山のあげたメンバーのうち、野村を除き戦前から相互に交友があったようである。高碕との関係については、高碕達之助集刊行委員会編『高碕達之助集』上（同会、一九六五年）で、高碕自身が鳩山・ダレス会談のことを回想している（二〇三頁）。
28　木舎幾三郎『政界の裏街道を往く』（政界往来社、一九五九年）二二五～二二六頁、二三一頁。木原道雄は鳩山の秘書。
29　加藤哲郎編『CIA日本人ファイル』第二巻（現代史料出版、二〇一四年）服部卓四郎の項、五頁。
30　『小林日記』第三巻、一九五〇年一二月三〇日、三一日条。『石橋日記』上、一九五〇年一二月二五日～三一日条。
31　柴山太『日本再軍備への道』（ミネルヴァ書房、二〇一〇年）三九〇～三九二頁、保科善四郎「わが新海軍再建の経緯（保科メモ）」（大嶽秀夫編『戦後日本防衛問題資料集』第二巻、三一書房、一九九二年）五三二頁。この時期の野村を中心とした海軍再建の動向については、ジェイムス・アワー著／妹尾作太男訳『よみがえる日本海軍』上（時事通信社、一九七二年）第五章参照。
32　『CIA日本人ファイル』第二巻、服部卓四郎の項、一三頁。
33　同前、五、一三頁。CIAの情報を裏づけるように、『鳩山日記』には一九五〇年一二月一九日に服部の名前が初出し、その後、鳩山・ダレス会談にむけ、何回か服部、辻（政信）の名前が登場する（一九五一年一月二二日、二三日）。服部ら旧陸軍関係者の再軍備運動については、前掲楠『吉田茂と安全保障政策の形成』第五・六章、前掲柴山『日本再軍備への道』第Ⅱ部第七章、山本智之『日本陸軍戦争終結過程の研究』（芙蓉書房出版、二〇一〇年）補論二参照。
34　前掲青木『昭和天皇とワシントンを結んだ男』一七八～一八一頁。
35　本稿のテーマから外れるため、各自の憲法改正への姿勢について検証する作業は行わない。ここでは、石橋が作成したダレス宛意見書で憲法修正まで言及していたこと、最近、一部が公開された田島宮内庁長官の「拝謁記」のなかで、天皇も憲法九条に的を絞った憲法改正論を唱えていたことが明らかとなったように（NHK NEWSWEB「昭和天皇『拝謁記』」https://www3.nhk.or.jp/news/special/emperor-showa/?tab=1&diary=1「再軍備・改憲」参照）、朝鮮戦争後、天皇をはじめ日本の保守派内で憲法改正をみすえた再軍備論が勢いづいていった点を指摘するにとどめる。

36 前掲山本『日本陸軍戦争終結過程の研究』二四二～二四四頁参照。

37 『鳩山日記』一九五〇年一一月一三日条に来訪者の名前として、「M」とアルファベットで記された文字が記載されている。この「M」が松平康昌だという可能性も考えられるが裏づけに乏しい。また、鳩山・ダレス会談後の一九五一年二月一九日条には、鳩山の不在中に「松平」から問い合わせがあったと記されている。巻末索引では、この「松平」を松平恒雄にカウントしているが、この時点で恒雄は死去しており、松平康昌という可能性もある。このように、鳩山周辺の資料からは推測の域を脱しない検証結果しか導きだせなかった。

38 野村の手帳には、一九四九年一〇月一九日(田島)、同二〇日(松平)、一九五〇年一月六日(松平、パケナム)、二月二六日(田島、松平ほか側近首脳らと協議)、八月三一日(松平)、一九五一年一月二日(松平)と、側近との会見の記録が記されている(「手帳　一九四九年」、「手帳　一九五〇年」、「手帳　一九五一年」、「野村吉三郎関係文書」国立国会図書館憲政資料室所蔵)。

39 『CIA日本人ファイル』第二巻、服部卓四郎の項、一四～一五頁。

40 赤松貞雄『東條秘書官機密日誌』(文藝春秋、一九八五年)六〇～六二頁。この資料の存在は、松田好史『内大臣の研究』(吉川弘文館、二〇一四年)一七九頁で確認した。

41 前掲ショーンバーガー『占領一九四五～一九五二』第五、八章、前掲デイビス、ロバーツ『軍隊なき占領』など。

42 前掲ショーンバーガー『占領一九四五～一九五二』二九七～二九八頁。

43 国務省北東アジア部長でダレスの訪日に際して首席随員を務めたジョン・アリソン(John Allison)も後の回想で、対日講和のメインテーマは日本の安保であり、「非武装された日本をいかに守るか」という点にあったと語っている。JOHN M. ALLISON, *Ambassador from the Prairie or Allison Wonderland*, Houghton Mifflin 1973, p155.

44 前掲柴山『日本再軍備への道』二八八頁。

45 前掲青木『昭和天皇とワシントンを結んだ男』一四五頁、前掲豊下『昭和天皇の戦後日本』一六一頁。

46 ダレス宛カーン書簡、一九五一年一月一五日付(John Foster Dulles Papers, Box 53, Reel 18)。前掲デイビス、ロバーツ『軍隊なき占領』によれば、「シーボルトは、ＡＣＪの理解ある支持者でもあった」（七四頁）という。
47　カーン宛ダレス書簡、一九五一年一月六日付。ダレス宛カーン書簡、一九五一年一月一九日付（John Foster Dulles Papers, Box 53, Reel 18）。
48　前掲青木『昭和天皇とワシントンを結んだ男』一七五頁。
49　同前、一五〇～一五一頁。
50　戦争末期のいわゆる「終戦工作」でも、木戸幸一内大臣の指示を待たずに、松谷誠（陸軍）や高木惣吉（海軍）、加瀬俊一（外務省）らと四人組で戦争終結の道を模索した経歴がある。この点、茶谷誠一「『終戦工作』における宮中勢力の政治動向」（脱稿済、未刊行）で分析した。
51　前掲青木『昭和天皇とワシントンを結んだ男』一七七頁、一八三頁。
52　『朝日新聞』一九五一年二月一日、二日、六日、七日付朝刊。*FRUS 1951, vol.VI, p863.*
53　Ｗ・Ｊ・シーボルト著／野末賢三訳『日本占領外交の回想』（朝日新聞社、一九六六年）二二七頁。
54　『鳩山日記』上、『石橋日記』上、各一九五一年二月六日条。前掲青木『昭和天皇とワシントンを結んだ男』一八四～一八六頁。
55　石橋がこの日の会談につき、「面会の結果は、むしろ失望なり」という感想を記しているのは、本文で引用したアリソンの突き放した日本防衛論に加え、占領政策の是非を回避したダレスの姿勢をうけての反応と思われる（『石橋日記』上、一九五一年二月六日条）。
56　前掲「保科善四郎「わが新海軍再建の経緯（保科メモ）」五三二～五三六頁、「ダレス大使着前後自衛権に関する件経過概要」（「野村吉三郎関係文書」八〇九、国立国会図書館憲政資料室所蔵）参照。
57　宮内庁編修『昭和天皇実録』第一一（東京書籍、二〇一七年）一九五一年二月一〇日条。
58　前掲豊下『昭和天皇の戦後日本』一八六頁。
59　冨永望「退位問題と新憲法」（古川隆久ほか編『「昭和天皇実録」講義』吉川弘文館、二〇一五年）、前掲茶谷『象徴天皇の成立』第三章参照。
60　前掲青木『昭和天皇とワシントンを結んだ男』二〇一頁。

61 『昭和天皇実録』第一一、一九五一年二月一四日条。田島長官が翌一五日に拝謁して前日の吉田の内奏についてうかがったところ、天皇は「非常に詳細ニ話した　大体私ハ皆満足した」「吉田ハ再軍備とは決していはず　警察予備隊を十二万五千ニするとかいつてた。省も治安省とするといふ様な話であつた」と返している（NHK NEWSWEB「昭和天皇『拝謁記』」・「吉田茂首相から詳しい国政の報告　明らかに」より引用）

62 この点、前掲茶谷『象徴天皇の成立』第五章で詳細に分析した。近代天皇制、象徴天皇制に対するイギリス立憲君主制の影響については、本書第五章の君塚論文を参照のこと。

63 前掲吉次「戦後日米関係と『天皇外交』」二三七頁。このような昭和天皇のスタイルが終生変わらなかったことも事実である。その一端は、新たに発見された田島長官の「拝謁記」の記述から十分にうかがえる。「拝謁記」の公開分については、NHK NEWSWEB「昭和天皇『拝謁記』」で閲覧することができる。

64 渡辺治『戦後政治史の中の天皇制』（青木書店、一九九〇年）が、「天皇の『二重外交』」と「現実政治に無力な天皇」という小見出しで説明している論理と同じである（一五四～一五五頁、一九九～二〇一頁）。

65 「スクープ　北方領土―陛下かく語りき」（『サンデー毎日』二〇一九年四月二一日号、二一～二二頁）。鳩山元首相によると、天皇は面積二等分論に反対する理由として、海上ではなく陸上に国境線が引かれることによる将来の紛争への懸念をあげたという。なお、本記事の所在については、本書の執筆にも加わっている河西秀哉氏より教示いただいた。

66 冨永望「象徴天皇制の実相」（『二十世紀研究』第一六号、二〇一五年）、冨永望「柔らかな『統合』の形」（吉田裕・瀬畑源・河西秀哉編『平成の天皇制とは何か』岩波書店、二〇一七年）。

第二章　象徴天皇制下の「皇室外交」

――象徴天皇の意思にみるポリティクス――

舟橋正真

はじめに

象徴天皇制下の皇室には、日本国憲法で定められた国事行為のほかに「国際親善」の公務として、「天皇・皇族の外国ご訪問をはじめ、賓客として訪れる外国の国王・王族・大統領などのご接遇、その他来訪の外国要人などのご引見、外国元首とのご親書やご親電の交換、外国の慶弔に際してのご名代等のご差遣、在日外交団の接遇」[1]などがあるとされる。これまで皇室は、「国際親善」を重要な公務として位置づけてきた。それは、徳仁天皇（当時は皇太子）が、即位前の誕生日に際しての記者会見で、「国際親善とそれに伴う交流活動も皇室の重要な公務の一つであると思います」[2]と述べていることからも明らかである。

この「国際親善」は、一般的に「皇室外交」という造語を用いて表現されることが多い。それは、外国訪問や外国賓客の接遇に代表される「国際親善」の実態が、まさしく皇室が「外交」をしているに等しいからである。では、その意義とは何か。佐道明広は、「『皇室外交』が日本外交全体の中で『友好のシンボル』として果たしている役割に大きいものがあるのは確かである」[3]と指摘している。西川恵にいたっては、「皇室は政治にかかわらないが、疑いなく皇室は日本外交にとって最大の遺産である」とまで言い切るほどだ。なぜ「最大の遺産」なのか。西川は、「日本の首相が何度訪問しても不可能だったことを、天皇が訪れることによって成し得たことは少なくない」と主張しているが[4]、君塚直隆は、「政府間の交渉や条約締結などにつながる『ハードの外交』とは次元の異なった、より長いスパンで二国間の関係を維持できる『ソフトの外交』」[5]との位置づけを行っている。

しかしながら、政治に関与しないはずの「皇室」が、たとえ「ソフト」であっても、政治そのものである「外交」を展開してしまっている実態とそのリスクをどう説明するのか。君塚は、象徴天皇制の定着により、「政府による『天皇の政治利用』が批判されるようになっており、天皇が直接的に『ハードの外交』に関わることはでき」[6]ないとみるが、皇室を政治に利用したい側の思惑が全くなかったとはいえないだろう。渡辺治は、「『皇室外交』と呼ばれるものの多くには、政府の意図と思惑が貫徹している」と述べ、政府の側から「皇室を外交上に利用する意図」[7]を重視する。とくに平成以降に「皇室外交」が増加する過程をみると、政府による天皇の政治利用は頻度を増しているように思われる。

実際のところ政府は、「皇室外交」を通して、象徴天皇の儀礼的な役割を強化し、その時々の政治に利用しようとしてきた。だがその一方で、忘れてはならないことは、天皇の側も「皇室外交」に重きを置き、その成果を着実に積み上げてきたという事実である。これまで筆者は、「皇室外交」が政府側と皇室側の思惑や意思が交錯するなかで形成され、展開する過程であったことを究明してきたが[8]、皇室側の意思に対する踏み込みは必ずしも十分なものとはいえない。

そこで本稿では、「皇室外交」全般を論じることは避け、あくまで象徴天皇の意思を重視したい。たしかに象徴天皇は政治に関与しないとされる。だがその実態は、「皇室外交」に事実上の決定権を有し、外国訪問や外国賓客の接遇を通して、公式・非公式的に様々な意思を示してきた[9]。象徴天皇の意思が、様々な形で政府の側に利用されてきたこともまた事実だが、こうした問題は、「皇室外交」の内実をいかに捉えるのか、とても重要な論点といえる。

以上のことを踏まえ、本稿では、「皇室外交」における象徴天皇の意思の表出を概説しながら、そこからみえるポリティクスを明らかにし、現代の象徴天皇制下における「皇室外交」のあり方について考えてみたい。

なお、頻繁に引用する新聞は、次の例のように略記した。

『朝日新聞』一九九二年四月三日　→［朝日92・4・3］
『毎日新聞』二〇一五年四月一一日　→［毎日15・4・11］
『日本経済新聞』二〇一九年五月二九日　→［日経19・5・29］

一・「皇室外交」と昭和天皇

「皇室外交」が戦後に始まったものなのかといえば、実はそうではない。戦前から「皇室外交」はすでに展開されていた。とくに一九二〇年代は、第一次世界大戦後の国際協調のなかで、「皇室外交」が最も盛んに行われた時期であったが、一九三〇年代に入ると、軍の影響が強く及ぼされるようになった。そして日中戦争の激化に伴ってその機会は減少していき、天皇や皇族が従来のような外交的役割を果たすことは少なくなっていった[10]。その後、敗戦と占領を経て、一九五二年に日本が独立して国際社会に復帰すると、「皇室外交」は再び開始されていくのであった。

だが戦後の「皇室外交」は、戦前のそれとは性格を異にする。それは、大日本帝国憲法下で「統治権の総攬者」であった天皇が、日本国憲法の施行により、「国民統合の象徴」に変わったからである。そのなかで象徴天皇は、「国政に関する権能を有しない」と規定された。しかしながら、昭和天皇は戦前の「元首」意識を引きずりながら、新憲法体制のもと事実上の「元首」として振る舞おうとした。それは、とくに日米関係において浮き彫りとなるが、実のところ「皇室外交」のなかでも大いに発揮され、展開されていた。

ニクソン米副大統領訪日

一九五三年一一月一五日、アメリカのリチャード・M・ニクソン(Richard M. Nixon)副大統領が、大統領特派親善使節として東アジア・太平洋地域諸国を歴訪中、日本を訪問した。ニクソン副大統領は、「国賓に準じる賓客として接遇」され、羽田空港には天皇の使いとして式部官長が差遣され(帰国時も)、一六日午後に皇居で昭和天皇と香淳皇后との会見と昼食会が催された[11]。

ニクソン副大統領は会見で、ドワイト・D・アイゼンハワー(Dwight D. Eisenhower)大統領からの親書(同年一〇月五日付）を渡しており、その内容は、「日米両国民が同一の基本的理想と目的とを持っていることはわたくしの信ずる所でありまして、時期我が米国と日本国との間の友誼を維持し且つこれを一層強固にすることをわたくしは切望するものであります」というものであった。これに対し、昭和天皇は、「貴大統領の確信に心から同感し、わたくしも亦貴大統領と共に現時幸に両国間に存在する緊密な友好関係を維持し、更に益々強固ならしめることを祈念する次第であります」との答簡（一一月一九日付）を発している[12]。

以上のように昭和天皇は、アイゼンハワー大統領に対し、日米友好関係の維持とさらなる強化を切望したのであった。吉次公介によれば、占領終結後も、昭和天皇は一貫して「アメリカへの万謝を胸臆に温めながら、日米関係に強い関心を寄せ、その維持と強化に努めていた」というが[13]、まさにそれを裏づける内容といえる。昭和天皇が、日米関係を戦後日本外交の基軸であると認識していたことは明らかであった。

アイゼンハワー米大統領訪日中止

日米関係を最重要視した昭和天皇であったが、その意思をアメリカ大統領に直接表明する機会が訪れることとなる。それが、一九六〇年のアイゼンハワー大統領訪日であった。同年一月に日米安全保障条約を改定した新安保条約が締結されたが、その交渉のなかで、アイゼンハワー大統領と明仁皇太子の相互訪問が決定したのであった[14]。

アイゼンハワー訪日は、同年六月の予定で計画された。宮内庁では、「御入京及び御会見次第」や「宮中晩餐及び宮中夜会次第」を作成し、大統領を接遇する準備を整えた[15]。その内容を抜粋すると、以下の通りである。六月一九日に東京国際空港（羽田空港）で、天皇始め皇族が大統領を出迎え、天皇と大統領が対面した後、礼砲を行い、米国国歌と君が代を演奏し、大統領が儀仗兵の栄誉礼を受ける。その後、天皇と大統領が「赤ベンツ」に乗車し、皇居に向かい、会見を行い、翌二〇日夜には宮中晩さん会と夜会が催される（招待者には、招待状が発送されている)[16]。

宮中晩さん会で昭和天皇がスピーチする「お言葉」の草案も用意されていた。そこには、「敗戦後の数年間、日本の復興と再建のために様々な分野においてアメリカの援助がありましたことを私たちは深く感謝しています。大統領の日本訪問は、日米両国を結びつける友愛の絆を象徴しているといえるでしょう」[17]と書かれている。まさにアメリカへの感謝と日米関係の強化を強調するものであったといえる。

だが国内では、安保改定をめぐって反対闘争が激化の一途をたどり、窮した岸内閣は六月一六日、「社会情勢の緊迫化と治安上の問題」からアイゼンハワー訪日を無期延期とする決定を決断せざるを得なくなった。延期の決定を受け、昭和天皇は、すぐに勅使（式部官長）を駐日アメリカ大使館に差遣し、大統領への「お言葉」を伝達させた[18]。さらに八月一五日には、小坂善太郎外相に対し、「アイゼンハウアー大統領訪日が取消しとなって、訪日が実現しなかったのは残念であるが、何らかの形で大統領退任后〔ママ〕でも招待することが出来ないか」[19]と下問している。昭和天皇の意思を受け、小坂外相と外務省はすぐさま検討に入った[20]。その一方で昭和天皇は、九月二〇日に訪米前の皇太子夫妻と面会し、アイゼンハワー大統領への伝言を託している[21]。

このような昭和天皇の行動をどう捉えればよいだろうか。日米安保体制の堅持という一貫した対米観を有する昭和天皇[22]には、新安保条約を日米関係のさらなる強化につなげたいという並々ならぬ思いがあったのではないだろうか。それゆえ国内問題を理由に、土壇場で訪日を中止したという非礼を誰よりも重く受け止め、大統領への再招待の可能性を模索していたと推測できよう。こうした昭和天皇の意思は、「将来の訪日を歓迎する旨」として、小坂外相と明仁皇太子の両者からアメリカ側に間接的に達せられたが[23]、結果としてアイゼンハワーの訪日が実現されることはなかった。

昭和天皇・ニクソン米大統領会見

それから一一年後の一九七一年、昭和天皇と米大統領の初めての会見が実現をみることとなる。それは、日本ではなく海外の地においてであった。昭和天皇は、ヨーロッパ訪問[24]（九月二七日から一〇月一四日まで）の途中に立ち寄ったアラスカ州アンカレジで、ニクソン大統領の出迎えを受け、会見を行うことになった。ニクソンとは副大統領時代に一度会っているが、大統領になってからは初めてであった。「大統領がアンカレジに行き、天皇と会う」というこのプランは、ニクソン大統領から提案されたものであったが、その内実は「単なるジェスチャー」としての意味合いが強かった。当時の日米関係は、繊維交渉やニクソン・ショックの影響で、急速に悪化していた。それゆえニクソン政権は、日本人にとって特別な存在である天皇に対する厚遇を用意し、日本に好意的なポーズを見せることで、日米関係の悪化を防ぐという戦術をとったのであった[25]。

では、昭和天皇はアンカレジで、ニクソン大統領に何を語ったのか。九月二七日、昭和天皇は、アラスカ州エルメンドルフ空軍基地に降り立ち、その後、基地格納庫で挙行された歓迎行事に臨んだ。ニクソン大統領からの歓迎の挨拶を受け、昭和天皇は、次のような答辞を述べ、アメリカの対日援助への感謝と日米親善の強化を切望した。「戦後歴代の大統領並びに米国政府及び市民がわが国の復興及び建設に対し物心両面において多大の援助を与えられたことを、日本国民とともにわたくしの忘れ得ないところであります」「日米両国の親善友好関係が、両国官民相互の間の緊密なる接触と協力により、今後益々強化されるであろうことはわたくしの信じて疑わないところであります」[26]。

以上の内容は、先述したアイゼンハワー大統領訪日の際、宮中晩さん会でスピーチするはずであった「お言葉」の趣旨とほぼ同じであることがわかる。「お言葉」自体の作成過程は、不明であるが、少なくとも昭和天皇の意向が反映されたとみてよいだろう。歓迎式の後、アラスカ軍司令官室で、ニクソン大統領との会見が行われたが、昭和天皇は、「この度の米国への立ち寄りが日米友好関係に資することを希望」した上で、「沖縄返還及び米国の対日援助に対し感謝する旨」を伝えている。さらには、アメリカの月面着陸成功を祝うだけでなく、「米国の海洋汚染対策や、東京の公害除去への協力要請など」についても話したようだ[27]。

アメリカへの感謝は、昭和天皇自身の思いを表したものと考えられるが、公害除去など環境問題への「協力要請」は、広義の政治的発言といえるのではないだろうか。

一方、ニクソン大統領は、昭和天皇を政治的アクターとして捉えていた節がある。ニクソン政権はすでに一九七二年中の大統領訪中を発表しているが、ニクソンは、昭和天皇に対し、「自分が一回訪問しただけで、米中間の問題が何でも解決するとは、決して考えておりません。ただただ、話の糸口をつけるために、自分が行くのが一番いいと思ってまいります」と、訪中の真意を明らかにした。これを受け、昭和天皇は「それはそうでしょうけれども、まだまだ米中間には難しい問題がたくさん残っていることでしょう」と答えるにとどめている[28]。「元首」意識を引きずる昭和天皇といえども、政治的な駆け引きをするような「ハードの外交」には踏み込むことがなかったことがわかる。

なお、会見場に移動する車中で、ニクソン大統領から「本格的な御訪米について招待」がなされ[29]、以後、昭和天皇の訪米が日米両国の懸案事項となっていく。

昭和天皇訪米

昭和天皇の訪米計画が大きく動き出したのは、田中角栄内閣においてであった。田中内閣は、懸案であった天皇訪米の早期決着をめざし、日米間で一九七三年内に実現するとの内々の合意をとりつけた。田中首相には、天皇訪米決定という自身の実行力をニクソン政権に示し、日米関係の強化を図りたい思惑があった。だが強引な田中内閣の姿勢に対し、天皇の政治利用を危惧する宮内庁を始め、野党からの激しい反発にあい、田中首相は国会で、「御決定はあくまで皇室の御決定である」と答弁し、政府側の関与を完全に否定した。「皇室の御都合」「皇室の御決定」という政府見解が、最大野党・日本社会党の批判を回避し、説得する論理として使われたのであった[30]。当の昭和天皇は、念願だった訪米に強い意志を有していた。しかしながら、国論が二分する状況では一九七三年中の訪米を断念せざるを得ず、「今年はやめて明年以後にした方がよくはないか」[31]との意向を示し、最終的に訪米延期が決定されたのであった。つまり「皇室の御決定」が、紛糾する天皇訪米問題に決着をつけたといえよう。

その後、度重なる延期を経て、天皇訪米は、一九七五年にやっと実現することになるが、その前年の一一月、アメリカのジェラルド・R・フォード（Gerald R. Ford）大統領が国賓として来日した。現職の米大統領の訪日は初のことであった。一九日の会見では、フォード大統領から訪米の再招待がなされ、昭和天皇はそれを受諾している。また昭和天皇は、皇居内で催された宮中晩さん会で、「友好的な両国の間にも、一時はまことに不幸な時代をもちましたことは遺憾なことでありました」と、先の大戦を振り返り、「貴国政府の提唱と協力による対日平和条約が早期に締結され、また、終戦直後の混乱期において、貴国が我が国に対し、好意と援助を寄せられましたことにつき、この機会に、貴国の政府並びに国民に対し、厚く御礼を申し上げる次第であります」と深い感謝の意を表した[32]。

一度は中止されてしまった米国大統領の訪日が、フォードの訪日という形で実現をみることとなり、侍従が「非常に張切っておられるようにお見受けした」[33]と感じたように、昭和天皇は並々ならぬ思いだったものと推測される。外務省から「フォード大統領来日の好結果」を伝えられ、昭和天皇は「泣いておよろこび」になるほどの感激ぶりであったようだ[34]。

一九七五年秋、昭和天皇初の訪米が実現した(九月三〇日から一〇月一四日まで)。政府は、閣議決定に先立ち、昭和天皇の「御裁可」を仰いでいる[35]。一九七一年の天皇訪欧においても同様の手続きがとられており[36]、外国訪問の決定には、天皇自身の裁可が必要であったことがわかる。こうしたプロセスは、名代として皇太子が外国を訪問した場合も同じであり、平成以降も続いている。つまり天皇は事実上、「皇室外交」の政策決定過程におけるプレイヤーの一人であったとみてよいだろう。ちなみに、外国賓客の接遇の場合は、「御裁可伺」ではなく、「伺」あるいは「御覧」という形で、天皇の「御内意」を得ている[37]。

さて、昭和天皇は、一〇月二日にホワイトハウスで催された大統領主催の晩さん会に出席し、「私が深く悲しみとする、あの不幸な戦争の直後、貴国が、我が国の再建のために、温かい好意と援助の手をさし延べられたことに対し、貴国民に直接感謝の言葉を申し述べる」との有名なスピーチを行った[38]。「深く悲しみとする、あの不幸な戦争」とのフレーズは、昭和天皇による事実上の「謝罪」として全米で好意的に受け取られ、対日援助への「感謝」の意も相まって、初の訪米は成功裏に終わることとなった。

昭和天皇の「皇室外交」認識

天皇訪米自体、主に日米繊維交渉やニクソン・ショックを背景に悪化した日本の対米感情をやわらげるため浮上したものであったが、昭和天皇は一貫して日米関係の改善に貢献すべく自身の訪米を切望していた。それゆえ、一九七五年の訪米とその成功は、昭和天皇にとって感慨深いものであったと推測される。だが、政府がそうした昭和天皇の意を汲んだとはいえないだろう。むしろ政府は、天皇の役割を強化し、その権威性を外交上に利用しようとしたと考えられる。

このように政府の思惑と天皇の意思が必ずしも合致したものであったとはいえないが、昭和天皇が政府を飛び越えた「二重外交」を展開したとは思えない。後藤致人によれば、昭和天皇は、「保革対立に揺れる保守政権を励まし、あえていえば保守政治の精神的核のような存在であった」[39]という。日米関係強化を期待する昭和天皇の行動が、政府の方針と異なったものではなく、むしろ政府の役に立ちたいとの思いが強く反映されたものと思われる。それは、占領期の講和問題に関わる昭和天皇の憲法逸脱行為を「日本の復興の役に立ちたいという昭和天皇の現れ」と評した古川隆久の分析[40]と通底するものである。

だが、「皇室外交」にみる昭和天皇の意思の表れは、政治に関与しない「象徴」ではなく、事実上の「元首」そのものであったといえる。昭和天皇の「象徴天皇像」とは、あくまで「戦前の立憲君主制理解の延長線上」にあった。それは、「輔弼者に対して意見表明はするものの、その決定には従う」というものだが、日本国憲法の天皇条項を自身の「立憲君主像」に照らし合わせながら、受け入れ、保留したりなどと、独自解釈のもとで運用したのであった[41]。こうした昭和天皇の「象徴天皇制理解」のなかで、戦後の「皇室外交」は形成され、展開したと位置づけられよう。

二．平成の「皇室外交」と明仁天皇

明仁天皇は、皇太子時代から昭和天皇に代わって多くの外国訪問を行ってきたが、天皇即位後は、外国訪問と国賓接遇を積極的に進め、「皇室外交」を本格始動させた。昭和天皇が欧州と米国の二度だったのに対し、明仁天皇は中東、欧州、北米、中南米、東アジア、東南アジアと「全方位」的に展開してきた。

こうした平成以降の外国訪問の増加については、政府側の政治利用と捉えることもできるが、はたして全てが受け身に終始したものであったのだろうか。むしろ明仁天皇は「皇室外交」を「象徴の務め」であると強く認識し、能動的であろうとしたのではなかったか。

明仁天皇訪中

その契機となる例として、一九九二年一〇月の天皇訪中（二三日から二八日まで）を挙げたい。天皇の訪中は、昭和天皇時代から中国からの要請が届いており、昭和天皇も訪中の希望を表明していた。平成に入ってからも、中国政府は、日本政府に対し天皇訪中を招請し続けた。同時期の中国は、一九八九年六月の天安門事件によって先進諸国から制裁措置が採られ、国際社会から孤立する状況にあった。そうした状況を天皇訪中によって打破したいとの思惑が、中国側にはあったが、中国との関係改善に動き始めていた日本としては、中国の求めに応じることに外交上の意義を見出したのであった[42]。

一九九二年四月には、中国の江沢民共産党総書記が公賓として来日し、明仁天皇との会見で、「中国側としては、本年秋、両陛下を中国にお迎えできることを期待しております」と訪中を招請した。これに対し、明仁天皇は「ご招待ありがとうございます」と答えつつ、「この件は政府が真剣に検討していると承知しています」と述べるにとどめた［朝日92・4・8］。

宮澤喜一内閣は、すでに「国交正常化二〇年」を記念した天皇訪中計画を推進し、決定のタイミングを図っていたが、天皇訪中には、与党である自民党内から慎重論が相次いだ。その内容をみると、当初は、天皇訪中を機に中国内で第二次世界大戦の責任論が浮上する可能性を問い、天皇が政治に巻き込まれる恐れを指摘するものがあったが、議論が進むにつれて、人権問題や核兵器開発の問題が挙げられ、「そういう国に日本の象徴として訪問されると、世界から警戒される」との危惧が強調されるようになった。さらには、尖閣諸島の領有権問題や中国のPKO協力法への対応など様々な懸念に対する意見が出された。

だが、天皇訪中を実現させたい宮澤首相と外務省は、党内の説得工作に乗り出した。宮澤首相は、「陛下においでいただくのが望ましい。今は冷却期間にあたるが、中国側の事情も説明しながら、国民が祝福するなかで、訪中していただきたい」と、同年秋の訪中実現への強い意欲を表明し、党内慎重派の説得を始めた［朝日92・1・18、2・21夕、6・18、7・28夕］。

一方、駐中国大使の橋本恕は、金丸信副総裁、綿貫民輔幹事長、佐藤孝行総務会長、森喜朗政調会長ら自民党幹部や、党内重鎮の中曽根康弘元首相と会談し、訪中実現の地ならしに奔走したが、とくに興味深いのが、説得材料の一つに、訪中を望んでいるという明仁天皇の意思が使われたことである[43]。田中角栄内閣時代は、野党を説得する論理として使われた天皇の意思が、今度は宮澤内閣のもとで、自民党内説得の論理として再び機能したのであった。それは、明仁天皇の意思が、内閣の思惑を結実させるために政治的に利用されたことを意味した。

こうした説得工作の結果、根強い反対や不満の声は依然残ったものの、宮澤首相は党内の了承をとりつけ、天皇訪中を閣議決定（八月二五日）に導くことができたのであった[44]。なお、天皇訪中は楊尚昆（ようしょうこん）国家主席からの正式招請に応じたものとして発表された[45]。

では、明仁天皇は、この訪中をどのように捉えたのだろうか。明仁天皇は、訪中に際しての記者会見で、「中国の文化や歴史に接するとともに、多くの人々と交わり、相互理解を深め、友好関係の増進に資するよう努めていきたい」[46]と抱負を述べ、訪中決定の複雑な経緯については、「種々の意見がありますが、政府は、そのようなことをも踏まえて、真剣に検討した結果、このように決定したと思います。私の立場は、政府の決定に従って、その中で最善を尽くすことだと思います」[47]と言い切った。つまり明仁天皇は、政治向きと受け取られるような発言を避け、あくまで「象徴天皇」として与えられた役割を果たすとの考えを強調したのであった。

さて、天皇訪中の注目点は、一〇月二三日に催された楊尚昆国家主席主催の晩さん会での「お言葉」である。「お言葉」問題をめぐっては、自民党内で「強い謝罪の言葉を要求してくるのではないか」との見方が存在しており、訪中反対の理由の一つでもあった。政府は、「陛下に多大なご負担をおかけしてはならない」と表明し、「中国に与えた惨禍に遺憾の意を表明する」にとどめるとの見通しを示した［朝日92・7・31］。では、どのような「お言葉」が述べられたのだろうか。明仁天皇は、晩さん会の席上、「我が国が中国国民に対し多大の苦難を与えた不幸な一時期がありました。これは私の深く悲しみとするところであります」[48]と、中国への深い謝罪の念をにじませた。「お言葉」の意味するところについて明仁天皇は、記者団との懇談で、「中国の人々に対する気持ちを率直に述べました」と明らかにしたが、「(友好関係の増進を)念頭に置き努めてきたつもりですが、どのような時でも十分ということはありません」とも述べている［毎日(大阪版)92・10・28］。

このような「お言葉」から示されるものは、明仁天皇の戦争認識であることは確かだが、その内容を吟味すると、謝罪の表現が後退しているように思われる。一九九〇年五月二四日に国賓として来日した韓国の盧泰愚大統領のために催された宮中晩さん会では、「我が国によってもたらされたこの不幸な時期に、貴国の人々が味わわれた苦しみを思い、私は痛惜の念を禁じえません」[49]と踏み込んだ表現が使われていた。「お言葉」をめぐる日中交渉、政府内の作成過程の究明は、史料の制約上、今後の課題とせざるを得ないが、国内の反対派への配慮という点は少なくともあったと思われる。すなわち象徴天皇の行動は、政府の方針に規定されているということである。

天皇訪中が政府による天皇の政治利用であったことは紛れもない事実である。佐道明広は、『皇室外交』が政治と一体化したものであるとの認識が広くゆきわたったこと」という訪中の問題性を指摘する[50]。平成に入り、「皇室外交」は、完全なる政治主導になったものと考えられる。だが明仁天皇は、政府の決定に従い、様々な制約を受けながらも最善を尽くすことを重視し、自身の意思を「お言葉」のなかに込め、事実上の「外交」を展開したのであった。

「慰霊の旅」とは何か

昭和天皇時代の「皇室外交」[51]とは異なり、国賓接遇だけでなく外国訪問についても天皇皇后が全面的に担うことができるという点で、「皇室外交」は平成になって完全なものになったように思える。では、その特徴とは何であったかといえば、それは明仁天皇の戦争と平和への強い意識である。明仁天皇は、美智子皇后とともに先の戦争の記憶と相対し、「皇室外交」のなかで明示してきた。その意識は、年を重ねる毎に益々強いものとなり、外国との交歓など国際親善を基調としてきた「皇室外交」に、これまでにない新たな概念を作り上げていくのであった。

新たな概念とは、いわゆる「慰霊の旅」である。まさしく天皇皇后の「平成流」を象徴するものであるが、この「慰霊の旅」とは、アジア太平洋戦争の激戦地を訪れ、戦没者を慰霊するというものである。海外への「慰霊の旅」として明仁天皇は、戦後六〇年の二〇〇五年にサイパンを、戦後七〇年の二〇一五年にパラオを、「慰霊」のために訪問している。この「慰霊の旅」こそ、明仁天皇の能動的な姿勢を浮き彫りとするものであった。

明仁天皇は、戦後五〇年（一九九五年）の長崎、広島、沖縄、東京など国内での「慰霊の旅」を終えると、「いずれ、南太平洋の島々を訪れて戦没者の慰霊をしたい」との希望を述べ、その後も折に触れて、「島々へのご訪問」の意向を示したという。二〇〇四年になって、宮内庁では、パラオ、ミクロネシア、マーシャルの三ヵ国への親善訪問を計画し、現地調査にも入ったが、各国とも「思っていた以上に小さく」、「ご訪問は相手国に大きな負担をかけるばかりで、国際親善という観点からはかえって望ましくない」として、白紙に戻された。だが一度は納得した明仁天皇から、改めて「来年は戦後六十年でもあり、サイパン島にだけでも行かれないものか」との希望が示され、その結果、「思し召しを生かし」て、サイパンへの「慰霊の旅」が決まった[52]。すなわち、海外における「慰霊の旅」は、明仁天皇の強い意志によって実現されたということである。

サイパンへの「慰霊の旅」

サイパンへの「慰霊の旅」は、他の外国訪問と同じく、二〇〇五年四月二〇日に明仁天皇の「裁可」を仰いだ上で[53]、政府によって二六日に閣議決定された。その内容は、「戦後六〇年に当たり、戦争により亡くなられた人々を慰霊し、平和を祈念するため、天皇皇后両陛下に、アメリカ合衆国自治領北マリアナ諸島サイパン島を御訪問願うこととしたい」[54]というものであった（訪問日程は、六月二六日から二七日まで）。

明仁天皇は、出発に際し、「この度、海外の地において、改めて、先の大戦によって命を失ったすべての人々を追悼し、遺族の歩んできた苦難の道をしのび、世界の平和を祈りたいと思います」[55]と抱負を述べている。当時、侍従長だった渡邉允によれば、この一文を含んだ出発時の「お言葉」は、これまで外国訪問の場合とまるで違って「異例の長文」であったという[56]。

帰国後、明仁天皇は、外国訪問尽力者茶会で、「多くの命が失われた島の果ての断崖の下に広がる青い海は私どもの心に深く残っています」[57]と述べている。それは、通称「スーサイド・クリフ」と「バンザイ・クリフ」への訪問を指している。「スーサイド・クリフ」に登って、「深い黙祷」をした明仁天皇と美智子皇后は、次に「バンザイ・クリフ」の崖の上で、「眼下の海にしばし見入」った後、「深い黙祷」を捧げた[58]。一二月一九日の天皇誕生日に際しての記者会見では、「多くの人々が身を投じたスーサイド・クリフとバンザイ・クリフを訪れ、先の大戦において命を落とした人々を追悼し、遺族の悲しみに思いを致しました」と述べる一方、「六十一年前の厳しい戦争のことを思い、心の重い旅でした」と総括している[59]。そして最後に、明仁天皇は、「今後とも多くの人々の努力により過去の事実についての知識が正しく継承され、将来にいかされることを願っています」[60]と、正しい史実の継承を切望したのであった。以上は、まさしく明仁天皇の明確な意思の表れであったといえるだろう。

パラオへの「慰霊の旅」

だが、「南太平洋の島々」を訪問し慰霊したいとの明仁天皇の希望が、全て叶ったわけではなかった。サイパンしか達し得ていない。二〇一四年夏前、明仁天皇は、「戦後七十年という節目の年に当たる来年には、是非、慰霊のためにパラオに赴きたい」との「強いお気持ち」を改めて示した[61]。パラオ共和国は、かつて日本の委任統治領であった。当時、侍従長だった川島裕によれば、これまでの経緯もあって、「これは何としても実現せねば」[62]と、訪問計画が動き出し、結果として天皇の発意によるパラオへの「慰霊の旅」が実現することになった。

二〇一五年一月一三日、政府は明仁天皇に「裁可」を仰ぎ[63]、二三日に「戦後七〇年に当たり、戦争によって亡くなられた人々を慰霊し、平和を祈念するため、また、我が国とパラオ国との友好親善関係に鑑み、天皇皇后両陛下に、同国を御訪問願うこととといたしたい」旨を閣議決定した[64]。以上より、パラオ訪問（四月八日から九日まで）には、「慰霊の旅」と「皇室外交」の二つの意味が込められたといえる。

明仁天皇は、出発に際しての「お言葉」で、「太平洋に浮かぶ美しい島々で、このような悲しい歴史があったことを、私どもは決して忘れてはならないと思います。この度のパラオ共和国訪問が、両国間にこれまで築かれてきた友好協力関係の、更なる発展に寄与することを念願しています」と、「慰霊の旅」への思いを率直に述べる一方で、パラオとの「友好協力関係の、更なる発展」に資することも忘れなかった[65]。八日のパラオ国主催晩さん会での「お言葉」においても、「ここパラオの地において、私どもは先の戦争で亡くなったすべての人々を追悼し、その遺族の歩んできた苦難の道をしのびたいと思います」[66]と改めて「慰霊」の思いを強調している。川島裕が「陛下が、長い時間をかけてお心を込めて推敲を重ねられたもの」と明らかにしたように[67]、二つの「お言葉」には、明仁天皇の強い意志が込められていた。

翌日、天皇皇后は、海上保安庁の巡視船からヘリコプターでペリリュー島に向かった。例えば同島では、「西太平洋戦没者の碑」に供花した後、深々と頭を下げた。そして慰霊碑の脇に進んだ天皇皇后は、ペリリュー島と同じく激戦地となったアンガウル島に向かって、再び深々と頭を下げている。このアンガウル島を「遠望したい」との希望は、天皇皇后からの申し出があってのことであった[68]。そのほか、ペリリュー島の地元住民と懇談した明仁天皇は、「ずいぶん戦争はありましたが、平和なペリリューはきれいなところですね」「戦争の時は大変だったでしょうね」などと声をかけていた［朝日15・4・10］。

日本を出発した際は、緊張した面持ちの天皇皇后であったが、帰りのパラオ国際空港に到着したときには、

「おだやかな表情」に変わっていたという。それは、宮内庁関係者が推察したように、「慰霊の旅を終えられた安堵感の表れ」であったといえるだろう［同前］。宮内庁の風岡典之長官が一〇日の定例記者会見で、帰国後の天皇皇后の様子について「安堵というか安らかなお気持ちでいらっしゃるのかなと拝見している」と述べていることからも明らかであろう［毎日15・4・11］。

明仁天皇の「皇室外交」認識

では、明仁天皇にとって「慰霊の旅」とは何であったのだろうか。そこには、明仁天皇の強い問題意識が存在していた。川島裕は、「陛下は、かねてから我が国において先の戦争を記憶している人々が少なくなっていることを強く案じておられた」が、「そうした記憶を持つ最後の世代と自分方を位置づけられ、この地方の慰霊をご自分の負うべき一つの役割とお感じになっていた」[69]と推察している。明仁天皇自身、誕生日の記者会見で、「年々、戦争を知らない世代が増加していきますが、先の戦争のことを十分に知り、考えを深めていくことが日本の将来にとって極めて大切なことと思います」[70]と述べていることからも、川島の推察は、明仁天皇の思いを代弁しているとみてよいだろう。さらに川島は「今回、多くの国民が、お心を込め慰霊をなさる両陛下のお姿に接し、それぞれ感慨を新たにしたことと思う」[71]と述べるが、それこそ明仁天皇が「慰霊の旅」を通して、意図したものであったといえる。

吉田裕は、「時に強い独自性や個性を発揮して明確なメッセージを発信することもあったが、明仁天皇の言動は、歴史と政治によって大きく規定されている」と主張し、「慰霊の旅」の限界を指摘している[72]。そもそも「慰霊の旅」は、「日本人戦没者の慰霊と日系人の激励」を主な目的としており、その「周縁部に位置づけられている人々の存在が内外情勢の変化」によって「慰霊」の対象から外れていったことも確かである[73]。

だが筆者が問題としたいのは、明仁天皇の「強い独自性や個性」の発揮である。「慰霊の旅」が皇室主導で進められたことは間違いなく、全てが天皇の意向によって動いていることがわかる。それは、「慰霊の旅」の内実にも反映されていた。例えば、サイパンでは、「スーサイド・クリフ」と「バンザイ・クリフ」のみならず、「おきなわの塔」（沖縄出身者の慰霊碑）や「太平洋韓国人追念平和塔」（朝鮮半島出身者のための慰霊碑）に立ち寄り、アメリカ慰霊公園でも、現地人犠牲者のための「マリアナ記念碑」と、米軍戦死者のための「第二次世界大戦慰霊碑」に拝礼している[74]。川島裕は、「そのひとつひとつに、建立した諸団体乃至個人の深い思いが込められているのだから、それぞれに出来る限りの礼をつくしたいというのが、両陛下のお気持ちであったことは疑いない」[75]と述べた通り、「先の大戦によって命を失ったすべての人々を追悼」するという明仁天皇の明確な意思を汲み取ることができる。

象徴天皇としての「限界」があるなかでも、明仁天皇は、自らの意思を「慰霊の旅」の内実に込め、「象徴としての務め」を果たそうとした。むしろ象徴天皇の「限界」を広げようとした可能性も捨て切れない。まさに明仁天皇は独自に憲法を運用し、象徴天皇の役割を徐々に拡大させたということである。だがそれは、「国政に関する権能を有しない」はずの象徴天皇が広義的に政治関与している実態を意味しており、政府による天皇の政治利用のリスクを飛躍的に高める結果に繋がるものといえる。

明仁天皇は、皇太子時代から昭和天皇の代わりに「皇室外交」を進めてきたが、その時々の政権にたびたび政治的に利用されてきた。一九六〇年の安保騒動後の訪米、そして一九八七年の貿易摩擦が激しい時期の訪米などがそれである[76]。詳細は、高橋紘や波多野勝の研究に譲るが[77]、とくに後者について高橋は、ロナルド・レーガン（Ronald W. Reagan）との「〝ロン（レーガン）・ヤス〟関係の最終局面を皇太子訪米で飾りたかったのだろうか」と中曽根康弘首相の思惑を推察したが、外務省の本音は「経済摩擦解消」にあったという[78]。訪米自体、昭和天皇が慢性膵炎で手術した一週間後であり、日米経済摩擦や東芝機械のココム違反で悪化した対日感情を緩和するためのものであった[79]。

皇太子は、訪米前の記者会見で、「両国の経済や政治の関係は、その時々の状況によって変わりますけれども、国民と国民との理解が十分にあれば、悪い方向にだけ行くということはないと思います」と述べ、「両国民の理解をさらに深めることに役立てば幸いだと思います」と抱負を語っているが[80]、政治的な懸案を補完する役割を期待されたことは間違いない。

天皇即位後は、先述した一九九二年の訪中だけでなく、一九九四年の訪米もその背景には、日米経済摩擦があった。同年二月の細川護熙首相とビル・クリントン（William <Bill> J. Clinton）大統領による日米包括経済協議をめぐる会談が決裂し、日米関係は深刻な事態を迎えた。そのため政府は、日米関係を修復したいと考え、天皇訪米に期待したのであった[81]。二〇〇九年には、民主党政権における明仁天皇と習近平国家副主席（当時）の特例会見が政治問題化した。天皇と外国要人との会見は、明仁天皇の体調を考慮し、一ヵ月以上前に申請するルールが設定されていたが、首相官邸がこのルールを無視し、会見を強引にねじ込んだことが問題の発端であった。政治利用を懸念し反発する宮内庁と民主党政権の対立は、野党・自民党をも巻き込んだ論争に発展した［毎日09・12・17］。「日中関係は非常に重要」［読売09・12・15］とする鳩山由紀夫政権が、「皇室外交」を最大限に利用しようとしたことは明らかであった。

このように平成の「皇室外交」は、政治主導で進められたのは確かだが、明仁天皇は政府が決めたことを受け入れながら、「お言葉」を通した事実上の「外交」を展開してきた。ただし、史料上の制約があるため、全てが政治主導であったのかについても検討の余地はあるように思える。先述したような「全方位」的な訪問国の選定に、皇室側の意向が反映したことはなかったのか。それは、必ずしも「慰霊の旅」だけに限定されるものとは言い切れないように思う。平成の「皇室外交」は、政権側の思惑と明仁天皇の意思が内在する形で展開されたが、そこにはある種の〝せめぎ合い〟が存在したといってよいだろう。

三．令和の「皇室外交」と徳仁天皇

「はじめに」でも紹介したように、徳仁皇太子は、即位前の記者会見で、「国際親善とそれに伴う交流活動も皇室の重要な公務の一つであると思います」[82]と述べている。皇太子自身、各国との国際親善や王室との交流を進め、「世界水フォーラム」や国連の「水と災害に関する特別会合」に出席し、講演するなど、皇太子流の「皇室外交」を展開してきた[83]。

二〇一九年五月一日、徳仁皇太子は、新天皇に即位した。インバウンドが増加し、翌年に東京オリンピック・パラリンピックをひかえるなかで、さらなるグローバル化が進む日本において、新天皇と皇后に対する国民の期待は高まりをみせた。翌日の『読売新聞』社説は、新天皇は、「歴代天皇で初めて海外留学も経験された。二三歳の時から二年間、英国オックスフォード大で研鑽を積み、その後も外国訪問を重ねられている。グローバル時代に皇室外交が果たす役割は大きい。外交官出身の新皇后雅子さまと共に、国際親善で活躍されるだろう」［読売19・5・2］と書き、令和時代の「皇室外交」の展開に強い期待感を示している。

トランプ米大統領訪日

そのなかで、令和初の「皇室外交」の機会が、即位後まもなく訪れることとなった。それが、アメリカのドナルド・トランプ（Donald J. Trump）大統領の国賓としての訪日である。トランプ大統領の訪日は、二〇一八年一一月末に安倍晋三首相が直接打診したものであった［朝日19・5・28］。一二月五日付『産経新聞』は、政府が二〇一九年五月一日以降、トランプ大統領を国賓として日本に招く準備を進めていることを政権幹部が明らかにしたと報道している［産経18・12・5］。

その後、政府は二〇一九年四月一九日の閣議で、トランプ大統領を国賓として招待することを決定した。菅義偉官房長官は、記者会見で、「新たな令和の時代における初の国賓としてトランプ大統領ご夫妻をお迎えすることは、日米同盟の揺るぎない絆を象徴するものだ」と説明している［毎日19・4・19夕、産経19・4・20］。トランプ大統領は四月二六日、ホワイトハウスでの安倍首相との日米首脳会談で、訪日決断の経緯を披露している。前年、安倍首相から、新天皇と会見するため国賓として来日するよう打診されたトランプ大統領は、「行けるかどうか分からない」と決めかね、天皇が退位し、新天皇が即位することが「日本人にとって、〔NFLの王者を決める〕スーパーボウルと比べてどれくらい大きなものなんだ?」と尋ねたという。そこで安倍首相から「だいたい一〇〇倍ぐらいだ」との説明がなされたため、「そうだったら行く」と即決したようだ［朝日19・4・27夕、4・28］。

さて、トランプ大統領は五月二五日午後、羽田空港に到着した。代替わり後初の国賓として来日した。二七日午前、徳仁天皇と雅子皇后は、トランプ大統領とメラニア(Melania Trump)夫人と会見した。トランプ大統領は、「陛下のご即位後、最初の国賓としてお招きいただいたことを光栄に思います」と述べ、徳仁天皇は「最初の国賓としてお迎えできることをうれしく思います」と答えている［朝日19・5・27夕］。この会見では、国際派といわれる天皇皇后ならではの応対がなされた。徳仁天皇は、会見中のみ通訳を介したが、それ以外の場面では英語でやりとりし、一方の雅子皇后は、会見中も含めて全てを英語で話している［同前］。まさしく新天皇皇后独自の「令和流」といってよいだろう。

同日夜、皇居・宮殿「豊明殿」で、大統領を歓迎する天皇皇后主催の宮中晩さん会が催された。徳仁天皇は「お言葉」のなかで、「日米両国とその国民は、様々な困難を乗り越え、相互理解と信頼を育み、今や太平洋を隔てて接する極めて親しい隣国として、強い友情の絆で結ばれております」と述べた上で、東日本大震災直後の米軍による「トモダチ作戦」を始めとする「格別の温かい支援を頂いたことを、私たちは決して忘れることはないでしょう」と謝意を表した[84]。続いて徳仁天皇は、次のようにアメリカと戦後皇室との交流の歴史を振り返った。

貴国と皇室との交流の歴史にも、また特別なものがあります。私の祖父である昭和天皇は、香淳皇后と御一緒に、一九七一年、御即位後初めての外国御訪問の途次に立ち寄られたアラスカにおいて、ニクソン大統領御夫妻より、そして、一九七五年に御訪米をされた折には、フォード大統領御夫妻より、それぞれ歓迎を頂きました。また、私の両親である上皇上皇后両陛下も、皇太子時代の一九六〇年に初めて貴国を公式訪問された折には、アイゼンハワー大統領御夫妻始めの歓待を受けられたほか、御即位後の一九九四年には、国賓として、クリントン大統領御夫妻をはじめ貴国の国民から手厚くおもてなしいただいたと伺っています[85]。

以上の内容は、まさに戦後の「皇室外交」をめぐる日米関係史そのものといえる。先述したように、昭和天皇の訪米、明仁上皇の皇太子時代の訪米、天皇時代の訪米のいずれも、日米両国に懸案事項がある時期に実施されていた。そうした日米関係の修復を期待されたのが、「皇室外交」であり、皇室側もその期待に応えようとしたことも確かである。

祖父と父の時代の皇室とアメリカの交流を概観した上で、徳仁天皇は、次のように自身と雅子皇后のアメリカとの関係の深さについても強調したのであった。天皇皇后のアメリカへの思いは、「懐かしさと共に、特別な親しみを感じています」との言葉で明確に表された。

私自身の貴国との最初の思い出は、一九七〇年の大阪万博であり、当時私は一〇歳でしたが、月の石を間近に見たことや、チャールズ・リンドバーグ飛行士に、水上飛行機シリウス号の操縦席に乗せていただいたことを、今でも鮮明に覚えています。その後、一九八五年に、英国留学の帰途、貴国を初めて長期に訪れた折には、レーガン大統領から温かくお迎えいただきました。マンハッタンの摩天楼、サンフランシスコやニューオリンズの街並み、グランドキャニオンの威容など、都市や自然のスケールの大きさと多様性に強い印象を受けたことが懐かしく思い起こされます。皇后も、幼少の時期をニューヨークで、また、高校、大学時代をボストン郊外で過ごしており、私どもは貴国に対し、懐かしさと共に、特別の親しみを感じています[86]。

徳仁天皇は、「両国の国民が、これからも協力の幅を一層広げながら、揺るぎない絆を更に深め、希望にあふれる将来に向けて、世界の平和と繁栄に貢献していくこと」を切望したが[87]、このトランプ訪日は、「皇室外交」にどのような意味を持ったのだろうか。

トランプ米大統領訪日にみる「天皇の政治利用」

『朝日新聞』は、「日米通商交渉などの難題を抱える中、安倍政権としては米国重視の姿勢を示す絶好の機会と考えた」［朝日19・5・28］と捉えた。『毎日新聞』は、「政府がトランプ氏を令和初の国賓で招いたのは、令和時代も日米同盟をアピールしつつ、貿易交渉などで予測不能な言動をしかねないトランプ氏をつなぎ留めるため」に「『皇室外交』の政治的効果を狙ったといえる」［毎日19・5・29］と論評した。

貿易交渉という懸案が残るなか、政府が「皇室外交」をテコに、日米同盟のさらなる深化を図ろうとしたとの見方は十分成り立つ。つまり「皇室外交」は、「日米同盟のゆるぎない絆を象徴する」ために補完的な役割を担わされたのであった。こうした点について渡辺治は、「今までにない政府側からの積極的な政治利用に天皇が応える形になった。憲法が想定した天皇の役割を大きく上回る」［同前］と問題視するが、その指摘は妥当なものといえる。

そもそも国賓の接遇というものは、「他国との友好関係を深める目的で行われ、相手国の大小にかかわらず平等にもてなす」［日経19・5・28］ものである。これまで国賓は、「相手国の重要度や政治状況に左右されずに選択するのが長年の慣習」であった。徳仁天皇が、「いきなり最重量級の米大統領」を接遇したことは、皇室側の「たて前が崩れつつある」ように思える［日経19・5・29］。『日本経済新聞』編集委員の井上亮は、「国賓選定は内閣の専権事項で、天皇、宮内庁は関与できない」が、「国の大小で分け隔てしないという皇室の国際親善の精神」を「尊重した国賓接遇であってほしいものだ」と指摘するが［同前］、筆者も同意するところである。

新天皇即位直後に、令和初の国賓としてトランプを招いたことは、国内外に日本がアメリカを最も重視していると示すメッセージとなり得るものであった。まさに政治そのものといえる。それは、天皇が外交的に利用できる価値があるという誤ったメッセージを発することになりかねない。そうしたリスクをなくし、天皇の権威が水面下で外交の駆け引きに使われているとみられないためにも、国賓の受け入れにはより慎重さが求められるのである。

「天皇の政治利用」という政府側の思惑というものは、どの時代になっても変わらないものだが、なぜこうした政治利用が続くのであろうか。そこに皇室側の問題はなかったのだろうか。その点について渡辺治は、「能動的な象徴天皇像が当たり前になったことで、政治が天皇を利用しやすくなり、国民もそれを受け入れやすい状況が生まれている」［朝日19・5・28］と分析している。この議論は、明仁天皇が独自に憲法を解釈・運用し、象徴天皇の公務を拡大させたという筆者の指摘と通底するものである。「能動的な象徴天皇像」を国民が「受け入れやすい状況が生まれている」との指摘は傾聴に値する。

日本国憲法第一条には、「天皇は、日本国の象徴であり日本国民統合の象徴であつて、この地位は、主権の存する日本国民の総意に基く」と規定されるが、明仁天皇の能動性が国民の理解を得ることができれば問題なしとの議論には、首肯しかねる。それは、政治に関与してはならないとの日本国憲法に抵触するとともに、政治に利用されるリスクを天皇自らが高めることに繋がりかねないからだ。

総じて、トランプ大統領の訪日は、令和時代の「皇室外交」の展開に暗い影を落とすものであったといえよう。

令和の「皇室外交」点描

トランプ訪日の翌月、再び「皇室外交」が行われた。徳仁天皇と雅子皇后は六月二七日、G20大阪サミット(20ヵ国・地域首脳会議)に出席するため来日中のフランスのエマニュエル・マクロン(Emmanuel Macron)大統領夫妻と皇居・宮殿で会見し、昼食会を開いた。皇居に到着したマクロン大統領夫妻に、天皇皇后はフランス語で挨拶し、会見でも英語やフランス語を使いながら懇談したという[読売19・6・27夕、日経19・6・28]。マクロン大統領からG20で気候変動が議論されることを説明された徳仁天皇は「気候変動はますます重要な問題になっています」と述べ、マクロン大統領は、「各国が力を合わせて取り組まないといけない課題です」と応じている[朝日/産経/日経/毎日/読売19・6・28]。このように新天皇皇后の「令和流」は、新たな公務の形を内外に示すものであったといえる[88]。

『毎日新聞』社説は、「陛下は皇太子になる前、イギリスに留学し、海外の空気に触れた。外交官出身の皇后雅子さまと共に国際経験を生かし、諸外国との交流に一層力を尽くすと思われる」[毎日19・10・23]と書いたが、政府側による天皇の政治利用は、すぐに始まろうとしている。それが、中国の習近平国家主席の来日である。事の経緯は、二〇一九年六月の大阪での首脳会談にあった。安倍首相は、「来年の桜の咲く頃、国賓として日本にお迎えしたい」と招待し、習近平国家主席も「いいアイデアだ」と応じたという[朝日20・1・25]。

習近平訪日をめぐり、日中両政府は、翌年四月六日の訪日を軸に調整しており、四日間程度滞在し、徳仁天皇との会見などを行う見通しとされている［同前］。二〇一九年一二月二四日、安倍首相は日中韓サミット出席のため訪問した中国・成都で、「日中両国はアジアや世界の平和、安定、繁栄に大きな責任を有しており、国賓訪問を、その責任を果たす意思を内外に示す機会にしたい」とその政治的意義を強調した［毎日19・12・25］。

だが習近平訪日には、幹事長を始めとする自民党幹部が賛同する一方、保守系の議員からは異論が出ている。その異論とは、例えば、「なぜ天皇陛下が前面に出る『国賓』なのかという説明が足りない」［朝日19・12・4］、「領海侵入などが解決し、深刻な人権弾圧が改善されてはじめて来日が歓迎される。現状のままでの国賓来日には断固反対する」［読売20・1・23］というものであった。そうした懸念は、与党だけでなく野党のなかにも存在している［産経20・1・26］。

戦後の中国と「皇室外交」の関係史を改めて振り返ると、先述した一九九二年の明仁天皇訪中や二〇〇九年の特例会見など、その政治色の強さから国論を二分するような状況が度々起こってきたことがわかる。自民党政権であろうが民主党政権であろうが、皇室が、外交上の駆け引きに利用されてきたことは間違いないだろう。世界的に拡大した新型コロナウイルス感染症の対応で延期されたものの［読売20・3・6］、当初は二〇二〇年四月上旬で調整されてきた習近平国家主席の訪日もまたその政治的枠組みのなかに明確に位置づくものといえる。日中関係の重要性を内外に示すための「道具」として、「皇室外交」が利用されることはあってはならないが、果たしてどのような結果になるのだろうか。

他方で、徳仁天皇と雅子皇后による初の外国訪問が検討され始めた。その訪問先は、イギリスであるという。二〇二〇年一月一四日、日本政府とイギリス王室は、天皇皇后が来春にも訪英する方向で調整を進めていると発表した。政府は、イギリス側から招請があったことを明らかにし、四月から六月をめどに調整を進めていく旨を説明した［産経20・1・15］。

この訪英は、エリザベス女王（Elizabeth II）の招待によるものとされているが［同前］、おそらく他の国々からも招待は相次いでいるのではないかと推測される。皇室が令和初の外国訪問としてイギリスの招待を受諾した理由は推測の域を出ないが、約一五〇年にわたって続く皇室と英王室との交流に加え、天皇一家と同国との関係の深さを考慮してのものだろう。新聞各紙の報道では、ほぼ一様に、天皇皇后がオックスフォード大学に留学した経験を持ち、長女愛子内親王もイートン校のサマースクールに参加した経験があることなどを強調しているが［朝日／毎日20・1・15］、その内実が何であるのかについては、正式発表を待たねばなるまい。（その後、天皇訪英は国際社会における新型コロナウイルスの感染拡大を受けて延期されることになった［朝日20・3・20］）。

以上のように令和の「皇室外交」を点描してきたが、徳仁天皇と雅子皇后は、「皇室外交」のなかで、相手国の言語で会話するなど語学力を発揮し、交流を深めるという新たな取り組みを始めている。それは、「皇室外交」における天皇皇后による一つの意思の表出といえるだろう。

その一方で、政府は、最も重要なパートナーとして大国・アメリカと中国の国家元首を国賓として選び、皇室は、王室との関係の深さなどからイギリスを訪問国として選ぶというように、令和における「皇室外交」の政策決定過程は、これまで以上に政治色の強いものになってしまっている。だが、政治主導か皇室主導かの是非は勿論あるものの、むしろ政府側の思惑と皇室側の意思のバランスをうまくとりながら、政策決定しているようにもみえる。さらにいえば、双方の思惑と意思は一致しているのかもしれない。

おわりに

戦後、昭和天皇は、日本国憲法下の象徴天皇を大日本帝国憲法下の天皇との連続性で認識し、あくまで事実上の「元首」として振る舞ったといえる。一方で明仁天皇は、「象徴」の内実を模索し続け、自らが与えられた公務を「全身全霊」で取り組み、積み上げていくなかで、「平成流」と呼ばれる象徴天皇像を作り上げていった。

こうした個々の天皇のパーソナリティが「象徴天皇」を形成する基盤となるわけだが、それは戦後の「皇室外交」においても鮮明に表れていた。そこでみえたものは、象徴天皇の意思であり、その能動性であった。

「皇室外交」における昭和天皇の意思は、とくに日米関係をめぐって顕著であった。そこには、日米関係を日本外交の基軸として捉える昭和天皇の認識が作用していた。昭和天皇は、戦後一貫して日米関係の強化を切望し、関係が悪化した場合は、誰よりもその改善を図ろうとした。それは、天皇訪米への並々ならぬ意志からも明らかである。ときには、「皇室外交」のなかで「天皇外交」[89]と呼ばれるような政治的発言をすることもあったが、政府の外交を補完したいとの強い思いからの行動であったといえる。

明仁天皇は、皇太子時代から「皇室外交」の政治利用を多く経験してきた。その多くがアメリカとの関係において顕著であったといえるが、それ以上に天皇訪中は、政府による天皇の政治利用を公のものとし、顕在化させるものであった。まさに「皇室外交」の政治主導性が広く認識されることになったわけだが、そのなかで明仁天皇は、与えられた公務に全力で取り組みながら、「お言葉」のなかで皇室側の意思を明示したのであった。それは、戦前の関係国とのなかで明確となり、明仁天皇は、「日本国の象徴」として相手国に謝罪の意を表したのであった。そこに限界があることは認めるところだが、ある種の「お言葉外交」を展開してきた明仁天皇が、事実上、日本外交の一翼を担っていたことは確かであろう。

こうした問題意識は、いわゆる「平成流」を形成する基軸となり、「皇室外交」のなかにも「慰霊の旅」という新たな概念を創出していった。だがそこには、象徴天皇の発意が「皇室外交」を動かしてしまっているという大きな問題があることも事実である。筆者は、二〇一八年一〇月三日付『朝日新聞』で、「天皇自身が一連の『皇室外交』によって象徴天皇の役割を広げ、自ら憲法の運用を進めてきたことになる面も否定でき」ないとコメントしたが［朝日18・10・3］、その問題意識は現在も変わらない。皇室側による憲法運用の積み上げが、天皇の権威性を着実に高めてきたことは確かであるが、その反面、天皇を政治利用したい政府側の思惑が容易に介在できるような状況ができてしまっているからである。この問題は、現代の皇室と政治の関係を考える上で、重要な論点となるだろう。

日本国憲法下の「象徴天皇制」は、その形態に差異はあれども、事実上、「立憲君主制」として定着している[90]。「皇室外交」についても、象徴天皇の役割として形成されていく過程で、その内実は定着したようにみえる。しかしながら、平成から令和にかけて、「皇室外交」という言葉自体、無批判に使われがちで、その意義についても過大に評価される傾向にある。

筆者は、平成の「皇室外交」とは、政府と皇室のある種の〝せめぎ合い〟のなかで形成され、展開してきたと捉えている[91]。だが令和の「皇室外交」の始まりをみるとき、その〝せめぎ合い〟は、これまでとは違った形の〝一体化〟の方向へと進んでいってしまうように思えてならない。というのも、その状況では、政府側は、令和の皇室を〝外交カード〟として容易に使い続けることができる一方、「皇室外交」を進めたい皇室側の意思も達せられる。だがそれは政治に関与しないはずの皇室が、外交上の機能を名実ともに発揮してしまうような結果を招きかねないからである。

政治に関与できない立場の象徴天皇が、「国際親善」を通して各国と交流し友好親善を深め、さらには各国が協力すべき課題に取り組む意義については、筆者も認めるところである。とはいえ象徴天皇とは、その立場上、政治性を帯びざるをえない存在であることも確かだ[92]。だからこそ政府は、細心の注意を払わなければならず、

「皇室外交」と呼ばれるようなものは抑制的であるべきなのである。君塚直隆の言葉を借りれば、皇室が行っている「ソフトの外交」を「ハードの外交」[93]にしてはならないのである。

皇室が行う「国際親善」の公務には、政治にはできない意義があるからこそ、私たちは「皇室外交」の内実を〝批判的〟にみなければならないのである。令和という新時代に「皇室外交」がどのように形成され、展開していくのか。「皇室外交」とは何であるのか。象徴天皇の「地位は、主権の存する日本国民の総意に基く」ものであるからこそ、私たちは、たえず考え続けることが必要なのである。

1　「国際親善」（宮内庁ウェブサイトhttps://www.kunaicho.go.jp/　以下、URLは省略する）。
2　「皇太子殿下お誕生日に際し（平成三一年）」（宮内庁ウェブサイト）。
3　佐道明広「『皇室外交』に見る皇室と政治―日本外交における『象徴』の意味」（近代日本研究会編『年報・近代日本研究・20　宮中・皇室と政治』山川出版社、一九九八年）二二八頁。
4　西川恵『知られざる皇室外交』（角川新書、二〇一六年）四頁。
5　君塚直隆『立憲君主制の現在―日本人は「象徴天皇」を維持できるか』（新潮選書、二〇一八年）二五三～二五四頁。
6　同前、二五四頁。
7　渡辺治「皇室外交」（原武史・吉田裕編『岩波　天皇・皇室辞典』岩波書店、二〇〇五年）二八八～二九一頁を参照。
8　舟橋正真「『皇室外交』とは何か―『象徴』と『元首』」（吉田裕・瀬畑源・河西秀哉編『平成の天皇制とは何か』岩波書店、二〇一七年）、同『「皇室外交」と象徴天皇制　一九六〇年～一九七五年―昭和天皇訪欧から訪米へ』（吉田書店、二〇一九年）。
9　同前。
10　奈良岡聰智「皇室外交―日本外交の軌跡を写す『鏡』」（簑原俊洋・奈良岡聰智編著『ハンドブック近代日本外交史―黒

船来航から占領期まで』ミネルヴァ書房、二〇一六年）二四〇～二四一頁。

11 「昭和天皇実録」一九五三年一一月一五、一六日条。「昭和二十八年外賓接待録」（識別番号21704，宮内庁宮内公文書館所蔵）。

12 「米国要人本邦訪問関係　ニクソン副大統領関係（第一巻）」（外交記録公開ＭＦ番号A'-0141，外務省外交史料館所蔵）。

13 吉次公介「戦後日米関係と『天皇外交』―占領終結後を中心として」（五十嵐暁郎編『象徴天皇の現在―政治・文化・宗教の視点から』世織書房、二〇〇八年）二三六頁。

14 詳細については、高橋紘「皇太子訪米と六〇年安保―外交文書にみる『皇室外交の政治利用』」（同前五十嵐『象徴天皇の現在』）、波多野勝『明仁皇太子エリザベス女王戴冠式列席記』（草思社、二〇一二年）、河西秀哉『明仁天皇と戦後日本』（歴史新書ｙ、二〇一六年）九八～一〇九頁を参照されたい。

15 「昭和三十五年外賓参内録（米国延期）」（識別番号30560，宮内庁宮内公文書館所蔵）。

16 同前。

17 同前。

18 「昭和天皇実録」一九六〇年六月一六日条。

19 「米州諸国大統領本邦訪問関係　アイゼンハウアー米国大統領関係（第二巻）」（外交記録公開ＭＦ番号A'-0141，外務省外交史料館所蔵）。

20 同前。

21 「昭和天皇実録」一九六〇年九月二〇日条。アイゼンハワー大統領の訪日は延期されたが、皇太子訪米への影響はなく、むしろ安保闘争によるアメリカ国内の対日感情の悪化を改善するためにも、日米親善をアピールする皇太子訪米が強く望まれたのであった（前掲河西『明仁天皇と戦後日本』一〇六頁）。

22 前掲吉次「戦後日米関係と『天皇外交』」を参照。

23 前掲「米州諸国大統領本邦訪問関係　アイゼンハウアー米国大統領関係（第二巻）」。

24 一九六四年五月成立の「国事行為の臨時代行に関する法律」によって天皇の外国訪問は、法的に可能となっていた。

25　森暢平「新資料にみる昭和天皇・ニクソン会談」（『コミュニケーション紀要』第一八輯、二〇〇六年三月）を参照。
26　「昭和天皇実録」一九七一年九月二七日条。
27　同前。
28　真崎秀樹『側近通訳二五年　昭和天皇の思い出』（中公文庫、一九九九年）五五～五六頁。
29　前掲「昭和天皇実録」一九七一年九月二七日条。
30　前掲舟橋『「皇室外交」と象徴天皇制　一九六〇～一九七五年』を参照。
31　入江為年監修『入江相政日記』第五巻（朝日新聞社、一九九〇年）一九七三年四月一七日条。
32　「米国大統領参内録　昭和四九年」（識別番号30669, 宮内庁宮内公文書館所蔵）。
33　小林忍＋共同通信取材班『昭和天皇最後の侍従日記』（文春新書、二〇一九年）一九七四年一一月一九日条。
34　前掲『入江相政日記』第五巻、一九七四年一一月二九日条。
35　「天皇皇后両陛下御訪米記録」（識別番号65126, 宮内庁宮内公文書館所蔵）。原史料は、「御裁可伺い」一九七五年二月二七日（情報公開法による宮内庁開示文書、宮内秘発甲第五二一号）。
36　「天皇皇后両陛下御渡欧記録　第1冊」（識別番号65113, 宮内庁宮内公文書館所蔵）。原史料は、「御裁可伺い」一九七一年二月二二日（情報公開法による宮内庁開示文書、宮内秘発甲第五二一号）。なお、先述したニクソン大統領との会見についても、昭和天皇の「裁可」によって事実上最終決定されている（前掲森「新資料にみる昭和天皇・ニクソン会談」一二頁）。
37　前掲「昭和二十八年外賓接待録」、前掲「米国要人本邦訪問関係　ニクソン副大統領関係（第一巻）」、前掲「昭和三十五年外賓参内録（米国延期）」、前掲「米国大統領参内録　昭和四九年」を参照。
38　「昭和天皇実録」一九七五年一〇月二日条。
39　後藤致人『内奏―天皇と政治の近現代』（中公新書、二〇一〇年）一六六頁。
40　古川隆久『昭和天皇―「理性の君主」の孤独』（中公新書、二〇一一年）三五三～三五四頁。占領期における「天皇外交」については、本書第一章も参照のこと。

41 後藤致人「昭和天皇の象徴天皇制認識」(河西秀哉編『戦後史のなかの象徴天皇制』吉田書店、二〇一三年)を参照。

42 前掲佐道『「皇室外交」に見る皇室と政治』、佐藤考一『皇室外交とアジア』(平凡社新書、二〇〇七年)、城山英巳『中国共産党「天皇工作」秘録』(文春新書、二〇〇九年)、杉浦康之「天皇訪中 一九九一―九二年」(高原明生・服部龍二編『日中関係史 1972-2012 I政治』東京大学出版会、二〇一二年)、前掲舟橋「『皇室外交』とは何か」八九頁を参照。中国側の動向については、蒋奇武「日中関係における天皇訪中問題―天皇訪中前夜に至る中国の動向を中心に」(『地域政策科学研究』第一六号、二〇一九年三月)を参照されたい。なお、中国側による明仁天皇訪中の最初の正式招請は、一九八九年四月に公式訪問した李鵬(りほう)首相から明仁天皇に対し行われたという。その後、一九九一年六月に銭其琛(せんきしん)が中山太郎外相に、八月に李鵬首相が海部俊樹首相に対し、「国交正常化二十周年」にあたる一九九一年の訪中が正式招請され、さらに一九九二年一月には、李鵬首相と銭外交部長が中国を公式訪問した渡辺美智雄外相に、四月に公式訪問した江沢民総書記から宮澤喜一首相に対し、改めて具体的な形で行われた(「天皇皇后両陛下の中国御訪問」〔「資料集」情報公開法による外務省開示文書、2014-00206-003〕)。

43 前掲杉浦「天皇訪中 一九九一―九二年」二七五頁を参照。

44 政府による閣議決定の前日、明仁天皇は、自身の訪中を「裁可」している(「御裁可伺い」一九九二年八月二四日、情報公開法による宮内庁開示文書、宮内秘発甲第八三六号)。

45 前掲「天皇皇后両陛下の中国御訪問」。

46 「中華人民共和国ご訪問に際し(平成四年)」一九九二年一〇月一五日(宮内庁ウェブサイト)。

47 同前。

48 「国家主席主催晩餐会(人民大会堂)における天皇陛下のおことば」一九九二年一〇月二三日(宮内庁ウェブサイト)。

49 「国賓 大韓民国大統領閣下及び同令夫人のための宮中晩餐」一九九〇年五月二四日(宮内庁ウェブサイト)。

50 前掲佐道『「皇室外交」に見る皇室と政治』二二三頁。

51 とくに昭和天皇の外国訪問は、天皇自身の健康問題や戦争責任問題、さらには香淳皇后の健康問題もあって、ヨーロッパとアメリカの二度のみであった。詳細については、前掲舟橋『「皇室外交」と象徴天皇制 一九六〇~一九七五年』を参照されたい。
52 渡邉允『天皇家の執事―侍従長の十年半』（文春文庫、二〇一一年）二六九～二七〇頁、川島裕『随行記―天皇皇后両陛下にお供して』（文藝春秋、二〇一六年）一六～一八、三七～三八頁を参照。
53 「御裁可伺い」二〇〇五年四月二〇日（情報公開法による宮内庁開示文書、宮内秘発甲第八三六号）。
54 「アメリカ合衆国自治領北マリアナ諸島サイパン島ご訪問（平成一七年）」（宮内庁ウェブサイト）。
55 「サイパン島ご訪問ご出発にあたっての天皇陛下のおことば」二〇〇五年六月二七日（宮内庁ウェブサイト）。
56 前掲『天皇家の執事』二七一頁。
57 「外国ご訪問尽力者茶会」二〇〇五年八月一〇日（宮内庁編『道―天皇陛下御即位二十年記念記録集　平成十一年～平成二十年』ＮＨＫ出版、二〇〇九年）五一頁。
58 前掲『天皇家の執事』二七四頁。
59 「天皇陛下お誕生日に際し（平成一七年）」（宮内庁ウェブサイト）。
60 同前。
61 前掲『随行記』三七頁。
62 同前。
63 「御裁可伺い」二〇一五年一月一三日（報公開法による宮内庁開示文書、宮内秘発甲第八三六号）。
64 「パラオご訪問（平成二七年）」（宮内庁ウェブサイト）。
65 「パラオご訪問ご出発に当たっての天皇陛下のおことば（東京国際空港）」二〇一五年四月八日（宮内庁ウェブサイト）。
66 「パラオ国主催晩餐会における天皇陛下のご答辞（ガラマヨン文化センター）」二〇一五年四月八日（宮内庁ウェブサイト）。
67 前掲『随行記』四六頁。
68 同前、五二～五六頁を参照。
69 同前、五八～五九頁。
70 「天皇陛下お誕生日に際し（平成二七年）」（宮内庁ウェブサイト）。

71　前掲『随行記』五九頁。
72　吉田裕「『平成流』平和主義の歴史的・政治的文脈」（前掲『平成の天皇制とは何か』）一三二頁。
73　同前、一二六、一三〇頁。
74　前掲『随行記』二六～二九頁。川島は、「おきなわの塔」と「太平洋韓国人追念平和塔」については「早い段階からお立ち寄りの予定を公表すると、事態が紛糾し、結果として立ち寄って頂くことが出来なくなるリスクがあることを考え、最後まで公表を差し控えた次第である」と説明している。前者への拝礼は沖縄県民のなかに残る皇室に対する複雑な感情への配慮であったと考えることもできるが、その内実は不明である。後者への拝礼については、吉田裕が反韓派・嫌韓派への配慮であったことを指摘している（前掲「『平成流』平和主義の歴史的・政治的文脈」一二六～一二七頁）。
75　前掲『随行記』二七頁。
76　前掲佐道「『皇室外交』に見る皇室と政治」二二五頁。
77　前掲高橋「皇太子訪米と六〇年安保」、前掲波多野『明仁皇太子エリザベス女王戴冠式列席記』を参照されたい。
78　高橋紘『人間　昭和天皇』下巻（講談社、二〇一一年）三七九～三八〇頁。
79　前掲佐道「『皇室外交』に見る皇室と政治」二二五頁。
80　薗部英一編『新天皇家の自画像　記者会見全記録』（文春文庫、一九八九年）五七五頁。
81　前掲高橋『人間　昭和天皇』下巻、三八一頁。
82　前掲「皇太子殿下お誕生日に際し（平成三一年）」。
83　前掲舟橋「『皇室外交』とは何か」一〇四～一〇五頁。徳仁皇太子（当時）は、「時代に即した新しい公務」のあり方について、ライフワークである「水の問題や環境問題、子どもや高齢者を取り巻く状況」など、「今後も、新たな公務に対する社会の要請は出てくると思いますので、そうした公務に真摯に取り組んでまいりたいと思います」（「皇太子殿下お誕生日に際し（平成三〇年）」宮内庁ウェブサイト）との考えを述べているが、こうした取り組みを象徴天皇の公務として行うことについては、憲法上の問題や政治利用されるリスクもあるため、慎重な判断が求められるだろう。
84　「天皇陛下のおことば　国賓　アメリカ合衆国大統領閣下及び同令夫人のための宮中晩餐」二〇一九年五月二七日（宮内

庁ウェブサイト)。

85　同前。

86　同前。

87　同前。

88　二〇一九年八月二七日付『読売新聞』には、徳仁天皇が、コミュニケーションの幅を広げるため、御所に専門家を招き、フランス語とスペイン語の勉強を続けており、一方の雅子皇后は外務省職員時代、フランス語の研修を現地で経験しているとの記事が掲載されている。

89　前掲吉次「戦後日米関係と『天皇外交』」を参照。

90　前掲後藤『内奏』、冨永望『象徴天皇制の形成と定着』(思文閣出版、二〇一〇年)、茶谷誠一『象徴天皇制の成立―昭和天皇と宮中の「葛藤」』(NHK出版、二〇一七年)、前掲君塚『立憲君主制の現在』、前掲舟橋『「皇室外交」と象徴天皇制　一九六〇年～一九七五年』を参照されたい。

91　前掲舟橋『「皇室外交」とは何か』一〇五頁。

92　前掲古川『昭和天皇』三六五頁。

93　前掲君塚『立憲君主制の現在』二五三～二五四頁。

第三章　戦後沖縄の新聞報道に見る天皇制批判

―「反復帰」論出現の背景―

冨永　望

はじめに

筆者は旧稿[1]において、主に『琉球新報』『沖縄タイムス』(以下、『新報』『タイムス』)を題材として、戦後沖縄の新聞が皇室についてどのように報じていたかを検証し、そこから戦後沖縄県民の天皇観を浮き彫りにすることを試みた。その結果、「反復帰」論出現以前の沖縄において、天皇制を正面から批判する動きはほとんどなかったばかりか、むしろ沖縄と本土の絆を象徴する存在として皇室が描かれていたことがわかった。ただし、それは復帰運動を進める上で、つまり沖縄の日本帰属を自明のものとする考え方から導き出された論理であり、当事者である沖縄の指導者が必ずしも皇室への崇敬心を抱いていたとは言い切れないことも指摘した。本稿はその続編であり、「反復帰」論出現前後の沖縄における皇室報道を検証し、天皇制批判が沖縄の皇室報道において主流となっていく契機を明らかにする。

本稿は「反復帰」論それ自体を考察対象とするものではないが、本論に入る前に、「反復帰」論について概要をまとめておく。「反復帰」論は沖縄で刊行されていた季刊誌『新沖縄文学』が一九七〇年に、二号にわたって組んだ特集[2]が契機となって、沖縄で広がった議論である。「反復帰」とはその名の通り、日本復帰に反対する主張であるが、復帰反対が米国による統治の継続や沖縄の独立を意味するわけではない。国家という枠組みそのものを拒絶する思想であったと、主唱者の一人である新川明はその後繰り返し強調している[3]。その中で、日本国家そのものを体現する天皇制への批判がなされるのは必然であっただろう。沖縄県民が長年取り組んできた日本復帰がまさに実現するのを目前にした時期に、いうなれば卓袱台返しをするような主張は大きな反響を呼んだ。とはいえ、国政参加拒否を訴えたことにも象徴されるように、政治的選択肢を提示するような議論ではなかったので、当時における政治的影響力はなかったといってよいだろう。しかし、復帰後も続く基地問題等、沖縄と本土の間に横たわる深い溝が明らかになるにつれて、「反復帰」論は再評価されるようになり、近年はそれ自体が研究対象となっている。

「反復帰」論出現当時の反響は、沖縄県民からのものとしては西里喜行[4]、大田昌秀[5]が早かったが、本土においても国立国会図書館調査及び立法考査局が年次報告書[6]の中で紙幅を割いており、注目度の高さを窺わせる。一九七二年五月の日本復帰直前に『中央公論』は「反復帰」論当事者の新川明・岡本恵徳・川満信一による座談会を企画し、三人は沖縄が日本とは異質の存在であることを強調した[7]。一九七五年から翌年にかけて『新沖縄文学』[8]と『タイムス』[9]は天皇制をテーマに特集を組んでいるが、これは「反復帰」論の発展とみてよいだろう。ただし、「反復帰」論はこの後低調になる。

「反復帰」論が天皇制批判に結びつくのが必然であったように、「反復帰」論研究はそのまま沖縄県民と天皇制の関係に対する考察でもあったといってよい。その嚆矢となったのは鹿野政直である[10]。鹿野は「反復帰」論の天皇制批判を重視した。それに続く小熊英二の分析は、新川明の反国家主義に重きを置くものだった。その一方で、復帰運動指導者に天皇制への敬慕の念は薄かったと指摘している[11]。二〇〇八年以降になると、「反復帰」論研究は活況を帯びてくる。納富香織[12]、福嶋純一郎[13]、大城清彦[14]、小松寛[15]、村上克尚[16]、大野光明[17]、神子島健[18]、松田剛[19]らが相次いで成果を発表した。それはもっぱら、「反復帰」論の主唱者である新川明、岡本恵徳、川満信一の思想形成の過程を探るという手法であった。これらの先行研究は、「反復帰」論が沖縄返還協定によって突如出現したものではなく、一九五〇年代から、島尾敏雄のヤポネシア論、社会主義思想などの影響を受けて形成されていったことを明らかにした。そして米軍基地の負担押しつけや沖縄の独自性を無視することについての、沖縄から本土に対する異議申し立ての根幹をなす思想として、高い評価を与えている。しかし、「反復帰」論的な思想は、自覚的であるか否かは別にして、新川明ら突出した思想家以外の中にも、いわば草の根レベルで存在したのではないか[20]。

本稿は「反復帰」論出現前後の沖縄で、天皇制をめぐるどのような言説があったのかを検証することを目的とする。「反復帰」論が沖縄の天皇論に与えた巨大な影響を認めつつも、沖縄の天皇制批判の淵源を「反復帰」論の主唱者に収斂させずに、その多様性を浮き彫りにする試みである。「反復帰」論出現以前の沖縄で日本復帰が世論の主流であり、天皇制批判も例外的な存在に甘んじていた事実は動かしがたい[21]。皇室に対する肯定的報道―天皇や皇族のみならず、日の丸はもちろん、君が代や靖国神社をも含む―がどのようにして反転していったのか。本稿の関心はそこにある。まず、比較的早くから沖縄県民が批判的に捉えていた建国記念日をめぐる議論、そして日の丸・君が代・靖国神社をめぐる論調が肯定から否定に変化する過程を検証する。次いで足かけ三年という短い期間ではあるが、『新報』『タイムス』に対抗した『沖縄時報』を取り上げ、新川明らとは異質の「反復帰」論の天皇制に対する姿勢を検証してみたい。なお、米国施政権下の琉球諸島は厳密には沖縄県ではないが、煩雑さを避けるため、同地域の住民を本稿では沖縄県民と称する。

一・建国記念の日への違和感 ―沖縄県民が祝うべき日か―

戦前の日本において、祝日は全て皇室の行事に由来するものであったが、敗戦後は改めて国民の祝日を法律によって規定することになった。おおむね従来の祝日が名前を変えながらも存続したが、GHQの命令によって廃止されたのが紀元節であった。しかし紀元節の復活を望む声は根強く、一九五〇年代から各地で署名運動や地方議会による決議が繰り返され、一九六六年の祝日法改正により、二月一一日が建国記念の日として祝日に追加された[22]。これは事実上の紀元節復活であったから、賛成派が奉祝集会を、反対派が同日に反対集会を開催するという対立の構図が繰り返されることになる。これに対して沖縄ではどのような反応があったかを考察するのが本節の目的だが、前提として米国施政権下における沖縄の祝日について説明する。

一九五二年六月に公布された琉球政府職員の休日に関する立法は、次のように法定休日を定めた。当時の琉球政府行政主席は比嘉秀平である。

年の初め	一月一日、二日
春分の日	春分日
琉球政府創立記念日	四月一日
盆祭	旧暦七月一五日、一六日
秋分の日	秋分日
クリスマス	一二月二五日

本土と共通するのは元日、春分の日、秋分の日だけで、その他は全く異なる考え方で設定されている。クリスマスを休日としたのは、米国民政府（United States Civil Administration of the Ryukyu Islands）が休日なので、それに合わせるという趣旨であったが、立法院において沖縄人民党の瀬長亀次郎は、日本復帰を求める立場から、法定休日とすることに反対した[23]。また、祝日に日の丸掲揚を呼びかける運動を沖縄教職員会が展開し、天皇誕生日の四月二九日もその対象となったことは、旧稿で述べたところである[24]。

これが大きく変わったのは一九六一年七月に公布された住民の祝祭日に関する立法で、次のように改められた。このときの主席は大田政作である。

元日	一月一日
成人の日	一月一五日
春分の日	春分日
琉球政府創立記念日	四月一日
天皇誕生日	四月二九日
こどもの日	五月五日

母の日　　　　　五月第二日曜日
慰霊の日　　　　六月二二日
お盆の日　　　　旧暦七月一五日
としよりの日　　九月一五日
秋分の日　　　　秋分日
体育の日　　　　一〇月第二土曜日
勤労感謝の日　　一一月二三日

琉球政府創立記念日や慰霊の日、お盆の日など、沖縄独自の祝日を残しながらも、おおむね本土に合わせたのである。この祝日の改正は、六月にケネディ大統領と池田勇人首相が首脳会談で合意した、漸次沖縄と本土との一体化を目指していくという方針と符合するものであった。天皇誕生日を入れることについては、上地一史沖縄タイムス編集局長が立法院で参考人として招かれた際に賛成を表明した一方で（『新報』61・5・30）、沖縄人民党の古堅実吉は反対を表明した[25]。そして一九六五年四月には、日本国憲法の沖縄への適用を願うという趣旨から、五月三日の憲法記念日が祝祭日に追加された[26]。

この流れでいけば、建国記念の日が本土で制定されたのだから、沖縄でも制定しようという話になってしかるべきであった。だが、紀元節ないし建国記念の日に対しては、沖縄の世論はあまり盛り上がらなかったといわざるをえない。

沖縄で本土における紀元節復活問題が報じられるのは、管見の限りでは、『宮古時事新報』（52・1・26）が外電として祝日法改正の動きを報じたのが初めてである。その後も、もっぱら共同通信などの配信記事で、本土での論争を紹介する程度にとどまっていた。たとえば一九五八年に三笠宮崇仁が紀元節復活に反対意見を表明したときは、『新報』『タイムス』ともに共同通信をソースにして報じている。だが、そもそも報道の頻度が低く、関心が薄かったとみなさざるをえない。配信記事以外では、『新報』(58・2・11) のコラム「話の卵」が初めての記事と思われる。

話の卵「建国祭の是非」
沖縄にも建国祭を復活したいという国粋主義者がいるかも知れないが、まだまだ自ら率先して紀元節の式典を挙げるほどのサムライはおらず、「まァせいぜい日の丸の旗をいつでもどこでも挙げさせてほしいという程度であり、その心底は日本復帰とだけしか結びついていないと思うよ」とはある愛国の至情に燃えている校長先生のほんのちょっぴり洩らした感想であった。(『新報』58・2・11)

その後も紀元節復活問題の報道は低調だったが、『新報』が明確に態度を表明したのは、一九六五年のことであった。

話の卵「紀元節復活の是々非々論」
このようにこよみもなかった時代の、しかも歴史ではない神話伝説である神武天皇をかつぎだしての、建国説に心ある学者が反対するのは当然で、…こうした紀元節復活に反対する人たちをよそに「昔をいまになすよしもがな」と懐古趣味の人や、国粋主義者や右翼的な考えを持つ人たちは、大っぴらに国旗を掲げ、紀元節の歌を歌って紀元節の気勢をあげる気配は数年前からみえており、沖縄でも一、二年前から紀元節を祝っている人たちがいる。…関心のない人たちはただ傍観するしかテはないようである。(『新報』65・2・10)

そして一九六六年になると、『タイムス』に紀元節復活問題を論じた投書が現れる。

読者から「二月十一日に思う」金城真光
建国記念日さえ制定できずして日本復帰うんぬんなど夢ではないでしょうか。…ことごとに反対する野党も日本人なら、建国記念日を素直に制定すべきでしょう。(『タイムス』66・2・10)

読者から「建国日は慎重に」KT生
建国記念日という祝祭日を法制化することによって、国家主義的な人間像形成のよすがとしたいというような、神道上の観念によりかかったいきかたには、どうしてもついていけないような気がする。(同前2・13)

読者から「建国記念日制定と君が代」砂川憲栄
反対論者の意見の大勢は紀元節の復活は、またぞろ国民を戦争にかり立てる危険な思想である、と必要以上に神経質になっている。…あの当時からみれば、指導者も国民もよく民主主義を理解し戦争の悲惨さを身をもって体験しているからこの意見は取るに足らないと思う。(同前3・3)[27]

ここでは日本の祝日なのだから沖縄でも祝うべきという賛成論と、戦後民主主義の理念に反するという反対論が表明されている。どちらが世論で多数だったかは判断しがたいが、この後に日本の国会で祝日法改正の動きが具体化したこともあり、報道量は増えていく。そして六月二五日に日本で祝日法が改正され、建国記念の日が祝日に追加されると、当然のことながら沖縄でも祝うかどうかが問題になった。琉球政府は一二月一九日の局長会議で、翌年の立法院定例会に、住民の祝祭日に関する立法の一部改正案を勧告することを決定した。[28]
これに対して、『タイムス』は社説で明確に反対を表明した。

社説「建国記念日について」
私たちはただ本土との一体化を目ざす一点から、この問題を機械的に住民祝祭日につけ加えろという与党政府の安易な考え方に対して疑問視しないわけにはいかない。…わたくしたちはもう一度、太平洋戦争で惨苦をナメた当時のことを起点にものごとを考える必要はないか。…沖縄が今次の戦争で支払った犠牲は、いわば日本の超国家主義、あるいは皇国史観、軍国主義の犠牲にも通じる。（『タイムス』66・12・25）

『新報』は田港朝昭（琉球大学助教授）の論説を掲載したが、田港は「神武天皇の即位は歴史学的に根拠がない」「旧紀元節は戦前の国家主義、軍国主義の支柱であった」「「本土並み」ということが民主主義を失ったものであってはならない」という三つの理由をあげて、建国記念日に反対を表明した[29]。

翌一九六七年二月一一日が初めて迎える建国記念の日となったが、復帰運動を推進してきた沖縄教職員会は祝賀を拒否し、前日の二月一〇日に松岡政保行政主席へ抗議文を提出した。松岡はすぐに立法化する考えはないと回答し、結局法改正はなされなかった（『タイムス』『新報』67・2・11）。松岡が立法化を避けた理由ははっきりしないが、同年一月から二月にかけては、教職員の政治活動を制限する目的で与党が提案した地方教育区公務員法および教育公務員特例法（教公二法）をめぐって、与野党が立法院で激しく対立していた。最終的に反対派のデモ隊二万人余が立法院を包囲して廃案に追い込んだが、そのような緊迫した状況において、政府が建国記念日制定を躊躇したのかもしれない[30]。『タイムス』は再度社説で反対を表明した。

社説「沖縄と建国記念日」
建国記念日は本土の制定したものだから、一応右にならえという考え方は、いささか自主性を欠くことである。…沖縄の今次大戦における犠牲の大きさ、また、沖縄を今日の姿に追い込んだ政治的背景、沖縄や日本をとりまく世界のきびしい現実を思えば、沖縄にとって建国記念日に対する考え方は、本土とは次元の違うこともありうるわけで、ましてや、本土との一体化を目標にしていることはおのずと別の問題と考える。(『タイムス』67・2・12)

一方で、奉祝行事も行われた。石垣市では植樹祭が行われ(『八重山毎日新聞』67・2・12)、那覇市では神道系の新宗教団体である生長の家が主催して奉祝行事を行ったが(『タイムス』67・2・11)、これが翌年以降も恒例となり、次第に政財界からの参加者が増えていく。この後、沖縄では本土同様、建国記念の日に賛否両派の集会が開催される。それは復帰以後も変わることなく続く光景となるが、賛成派の理屈が「日本の祝日なのだから日本国民として祝うべき」という、筆者が旧稿で指摘した「皇室の冠婚葬祭に参加することが日本国民としての自覚につながる」という論理であるのに対して、反対派は「復帰すべきは戦前の軍国主義日本ではなく戦後の民主主義日本」と主張した。だが、現実に日本の国会で祝日法が改正されて建国記念の日が合法的に制定された以上、建国記念の日のみを拒絶する論理にはわかりにくさがつきまとう。そして日本復帰を希望しながら、戦後日本の非民主的な部分を拒絶するというときに、天皇制自体が拒絶する対象になりうることが、建国記念の日反対論に萌していたと考えられるのである。

二．日の丸と君が代、靖国神社 ―反転する評価と感情―

講和条約締結前後の時期に始まった日本復帰運動は、日の丸の旗を振ることがその象徴であり、日の丸の掲揚を米国民政府に認めさせることを手近な目標としていた。従って、日の丸に対する否定的な見解は皆無といってよかったし、君が代についても、歌詞はともかくとして、沖縄県民は国歌として歌うべきであると認識されていた。本土で日教組が日の丸と君が代について軍国主義の残滓として否定的な評価を下していることは知られていたが、沖縄においては、同調する動きは広がらなかった。沖縄教職員会も、公式に日の丸と君が代を否定することはしなかったし[31]、『新報』『タイムス』も同様であった。

内容の是非以前に、そもそも沖縄県民が米国民政府から意思表示の権利を制限されていることが問題であり、それこそが異民族統治の理不尽さを象徴するものと認識されていた。だからこそ、米国に対して日の丸掲揚の権利回復を要求することが復帰運動の根幹に据えられたのである。この論理は後年、沖縄県教職員組合（沖縄教職員会の後身）が教育現場における日の丸掲揚・君が代斉唱に反対する際に、かつての自身の運動を正当化するために用いることになる。

ただし、沖縄教職員会が日の丸掲揚と比べて君が代斉唱にはあまり熱心でなかったというのも事実である。君が代斉唱の必要性が教育現場で認識されるようになるのは、一九六一年に入ってからであったらしい。というのも、前年の暮れに沖縄教職員会が正月に日の丸を掲揚することを呼びかけたのだが、その運動の効果を検証した際に、元日の祝賀行事で初めて君が代を歌うようにした学校が見られたことが報告されたからである。その事実に注目した『タイムス』は次のように報じている。

〝那覇市内は少なかった〟／日の丸掲揚状況／教職員会が視察
日の丸掲揚は、部落や村によって非常にむらがあった。たとえば、那覇都心は日の丸がすくなく、とくに国際通りは施政権者のアメリカに遠慮したせいか日の丸が数えるほどしかなく、松尾、三原、国場など郊外になるにしたがって日の丸の数がふえていた。…南部では、豊見城、兼城、高嶺村などは新正〔太陽暦の正月〕はしないが、新年の日の丸は掲げていた。佐敷小学校では、国旗をかかげ、黒板にも日の丸を描き国歌を歌い新年を迎えたとのことだ。（『タイムス』61・1・3）

今晩の話題「日の丸」
沖縄ではこんどの正月から日の丸を掲げましょうというよびかけが強くなり、時には君が代を歌う学校もあったようだ。戦前の教育をうけた大人たちは、正月には日の丸を掲げ君が代を歌わぬと気分が出ないかも知れないが、幼い子供たちにはぴったりこないかもしれない。…沖縄でことさらに日の丸や君が代が強調されるのは…これは一種の民族主義というものだろう。（同前1・9）

日の丸掲揚を呼びかける運動が始まってほぼ一〇年を経過していながら、君が代斉唱についてはこのありさまというのは、沖縄教職員会が君が代については不熱心だったことを示すものであろう。公式に君が代を否定することはしなかったし、おそらくできなかったのだが、人間の真意はこのようなところに表れるものではないだろうか。そして管見の限り、『タイムス』紙上で初めて君が代についての否定的見解が表明されたのが、次の論説である。

宮平隆介「〝君が代〟の唱和　素朴な感情論を警戒する」
むしろ、君が代を廃止し「国民の幸よ永久なれ」の類の国歌の出現を切に望みたいところである。…沖縄は戦後米国の管理下に曲りなりにも民主主義の理念を教えてもらった。…あの名護の競技会において、君が代の吹奏に、涙した大人に比して、「何が何だか分らなかった」といみじく［ママ］も述懐した小学生の言葉はその事を十分に裏書きしている。そのことを、日本人としての自覚の欠除だと長嘆息するに及ばない。日本人としての自覚は別の手段で啓発すればよい。（『タイムス』61・1・12）[32]

この間、『新報』の日の丸・君が代問題に対する報道は、沖縄教職員会や沖縄県祖国復帰協議会の要求と、それに対する米国民政府の応答を淡々と伝えるのみである。元来親米的スタンスで発足した『新報』としては、この問題にあまり深入りしたくなかったのではないだろうか。ともあれ、沖縄が日本に帰属するものであり、将来的には復帰することを認めたケネディ新政策の発表もあり、同年六月に米国民政府は公共建造物での祝祭日における日の丸掲揚を条件つきで認めた。早速、七月二日に開幕した全国高校野球選手権沖縄大会では、開会式で日の丸掲揚と君が代演奏が実現したのである（『タイムス』61・7・2）。また、『新報』も仲宗根泉月なる人物の筆になる「日本国旗を讃える」（『新報』61・8・8〜10）という、日の丸の起源を解説する記事を掲載した[33]。

さらに翌一九六二年には、学校での年賀行事において日の丸掲揚と君が代斉唱がセットで行われた。『新報』は次のように伝える。

〝君が代〟で日の丸掲揚／全琉学校で感激の年賀式
今年の拝賀式では戦後十七年ぶりにはじめて国歌〝君が代〟を斉唱、校舎の屋上高く「日の丸」を掲揚してこれまでにない厳しゅくで感動的な風景がみられた。生徒たちは公式には初めてうたう〝君が代〟にとまどいがちで途中からは口ごもるところもあったが伴奏のブラスバンドやレコードの助けで掲揚される「日の丸」をじっとみつめながらうたい続けた。（『新報』62・1・3）

また同年四月、インドネシア近海で操業中の沖縄漁船がインドネシアの海上警備隊に銃撃されて、死傷者が出た。これは沖縄漁船が日の丸も星条旗も掲揚を認められていないため、インドネシア側から国籍不明の不審船と認識されたことが原因だった。沖縄の世論は安全のためにも、漁船に日の丸の掲揚を強く要求した[34]。このような雰囲気で、日の丸に対する否定的見解が出る余地はなかっただろう。

一九六五年には、復帰協会長喜屋武真栄が次のような投書をした。

読者から「日の丸と沖縄」復帰協会長喜屋武真栄
さて日本本土で「日の丸」を掲揚することに抵抗があり、半面沖縄のわれわれが明け暮れ「日の丸」に愛着を抱いていることを不可解に思っているむきもあるようだが、残念でなりません。…われわれは平和憲法の光のもと、新生日本のシンボルとしての「日の丸」はすでに質的に清められ変わっている、また変えられるべきことをしるべきでありましょう。(『タイムス』65・5・23)

これは日の丸に反対する投書が掲載されたことへの回答であったが、喜屋武が一般市民にこのような呼びかけをした理由を考察するときに、日の丸に対する世論の微妙な変化を読み取らずにはいられない。これは、日の丸に対する否定的評価が、復帰運動において無視できない力を持ちつつあった予兆を示すものではないだろうか。その要因としては、本土の革新勢力で主流であった日の丸・君が代否定論が沖縄にも浸透してきたこと、世代交代により日の丸・君が代に対して親近感を持たない人々が増えたことなどが考えられる。

注目すべきは、一九六八年に本土の文部省が学習指導要領改定の方針を打ち出し、中央教育審議会が発表した「期待される人間像」の中に盛り込まれた「天皇への敬愛の念を養う」という部分に、『新報』と『タイムス』がそろって懸念を表明したことである。

社説「教育の右傾化を憂う」
とくに同改定案が「天皇への理解と敬愛を深めることが必要である」とのべている点は、愛国心と天皇への敬愛を、一直線に結びつける教育のあり方を示すものとして注目される。戦前、天皇の名においてすべての国策が推進され、これが国民を破滅的な太平洋戦争へ駆りたてたことは、あえていうまでもない歴史的事実である。…沖縄側としては、早晩、沖縄は本土に復帰する、という考えにとらわれるあまり、文部省の教育課程改定をうのみにすることなく、これに批判的に対処して、真に民族の良心を守る教育課程の改定を編むよう要望したい。（『新報』68・6・2）

社説「中学校の教育課程」

こんどの答申に、国家意識の高揚が人間教育と並んで同居していることは、人間としての基礎教育がボカされ、天皇制国家の伏線さえ感じられる。…復帰を願うあまり、皇室中心の見方、考え方、あるいは国家意識の高揚が、ファッシズムの台頭にたとえつながる危険があっても、まず、その体制を認容すべきかどうかは、教育者として、基本的に各自自分の考え方を検討する必要があろう。（『タイムス』68・6・8）

ここで両紙が警戒しているのは、かつて沖縄を戦火にさらした日本軍国主義の復活に天皇制が利用されることである。これまで両紙が紙面で強調してきた、「沖縄県民を気にかける皇室」は、いわば復帰運動の側が米国の支配に対抗するために表象として利用する存在であった。それが米国と協調して日本の軍事的役割を増大させようとする勢力、すなわち日本の保守勢力にとっても利用される存在であることに気づかざるを得なくなったのである。あるいは、気づかないふりをしていたのが、もはやごまかしが効かなくなったということかもしれない。立法院でも、社会党の岸本利実が本土の学習指導要領は天皇崇拝の色が濃いと批判し、沖縄の教育に対しても拘束力を持つのかという質問を行った。文教局長は「拘束力ないとはいえない」と答弁した（『新報』68・6・7）。

それでも一九六〇年代は、おおむね日の丸・君が代を否定する動きは沖縄で見られなかったが、一九六九年になって様相が変わる。四月に開催された沖縄教職員会総会で日の丸購入のあっせんを取りやめることが決定され、それを受けた理事会で、日の丸の評価を議論することになったことが報じられたのである(『新報』69・4・9、『タイムス』69・4・9)。これは明白な方針転換であった。さらに、沖縄の知識人による明白な君が代否定論が掲載された。

おち穂「続君が代」屋嘉宗克(沖縄大学助教授)[35]
国歌は国民の生活理想を全面的に歌詞化したものが、その内容でなければならない。日本国憲法の前文のようなものを歌にしたものが、それに当てはまるのではないか。…国家[ママ]は「君が代」のほかに、国民のすべてが情熱をもって心から愛唱することができる新しい作詞・作曲が必要と思うのである。(『琉球新報』69・4・29)

この年の一〇月には『タイムス』で日の丸についての投書が相次いだ[36]。まだ明確な否定論は少ないが、日の丸を肯定する投書がわざわざなされるということは、投書の主の周囲に日の丸否定論が無視できないほど存在した証左と考えられる。

同年一一月に訪米した佐藤栄作首相とニクソン大統領が日米共同声明を発表し、一九七二年に沖縄が日本に復帰することが明らかになった。すると翌一九七〇年三月の卒業式シーズンに、今度は『タイムス』投書欄で君が代論争が起こった[37]。君が代の歌詞が主権在民にふさわしいかどうかをめぐる応酬で、一九八五年以降に沖縄を二分することになる論争[38]の先取りであったといってよい。

日の丸・君が代をめぐる論争は、特定の知識人により提起されたものではなく、また「反復帰」論に先行する動きであった。その根源をたどることは至難の業だが、「日本に帰属すべき沖縄県民は日本国民として日の丸を掲揚し、君が代を歌うべきである」という、誰にも反駁しようのない理屈が幅を利かせていた間に、伏流として存在し続けた違和感に起因するのではないだろうか。その違和感の要因は、日本国憲法に基づく教育および世代交代がもたらしたと推測する。

靖国神社も戦後は国論を二分する争点となった、天皇制と密接に関連する施設である。沖縄においては、建国記念の日や日の丸・君が代と異なり、特定の集団が反対運動の起点となったことが確認できる。旧稿で述べたように、沖縄からの靖国神社参拝は一九五二年五月に再開されたが、新聞は靖国神社例大祭参拝のために上京する遺族団と、彼らに会釈する天皇皇后を肯定的に報じていた。これは日本本土で制定・復活された戦傷病者遺族等援護法および恩給法は靖国神社合祀と不可分であり、沖縄では同法の拡大範囲適用を求める過程で、軍人・軍属以外の戦闘参加者も戦没者に組み込まれていったことの反映である[39]。とはいえ、戦後長らく、沖縄では靖国神社が肯定的に認識されていた。靖国神社の機関紙でも沖縄遺族団は取り上げられており、日本と沖縄の絆をアピールする場でもあった[40]。

沖縄で初めて靖国神社に対する否定的見解を表明したのはプロテスタントである。一九六八年五月二八日、沖縄キリスト教団は総会で靖国神社国営化反対を決議し、署名運動に乗り出すことにした（『タイムス』68・6・7）。これはおりしも本土で靖国神社国営化の動きが進行していたことへの反応である。

渡辺治[41]、田中伸尚[42]、赤澤史朗[43]の先行研究によると、靖国神社がＧＨＱによって宗教法人化されたことに対して、神社本庁に代表される神道界や日本遺族会は不満をくすぶらせており、サンフランシスコ講和条約発効すなわち日本の独立直後から、国営化を要求する声が保守政党に寄せられていた。一九五六年には日本社会党も自由民主党に対抗して靖国平和堂構想を提示しており、靖国神社を特別な存在とみなす考え方は、必ずしも保守勢力のみに限定されていたわけではない。しかし、日本国憲法第二〇条および第八九条が定める政教分離に抵触するという批判と、保守勢力にとってもそれほど優先順位の高い問題と認識されていなかったことがあいまって、実現には至らなかった。そして一九六八年から翌年にかけて、佐藤内閣が何度目かの挑戦に踏み出したのである。

もちろん、本土では日本キリスト教団をはじめとして反対運動が一九五〇年代半ばから続いており、沖縄キリスト教団はこれに呼応したといえる。ただ、靖国神社国営化問題に対する沖縄世論の反応は鈍かった。これは肝心の靖国神社国営化が早々に挫折したことが最大の要因であろう。新聞の投書欄に靖国問題を取り上げたものが増えるのは、沖縄が日本復帰を果たした後、一九七三年以降であるが、投稿者はキリスト教関係者が多い。その論旨は共通しており、靖国神社という特定の宗教法人を国家が保護することは政教分離の原則に反すること、日本政府が靖国神社を保護しようとするのは、自衛隊を旧日本軍のように天皇のために戦う軍隊に作り替える意図によるもので、軍国主義復活につながるということの二点であった。『新報』『タイムス』がともに社説で靖国神社国営化に対する反対を表明するのは一九七四年四月、田中角栄内閣による靖国神社国営化法案強行採決に際してのことである。

社説「「靖国法案」の強行採決」
だが憂慮にたえないのは靖国法案の強行採決をはじめ田中政府の国歌、国旗の法制化、教育勅語の復活、そして日教組攻撃の発言だ。単に参院選の争点提起ではなく、いま経済大国日本が軍国化へ急傾斜している現実を恐れる。まさに敗戦の〝平和の原点〟から反戦の誓いを新たにすべき時期である。(『新報』74・4・14)

社説「「靖国」と国会の収拾　政治は宗教から絶縁せよ」
靖国神社法案は、…憲法に違反する疑いがあるし、個人の内心にまで国家が介入しようとすることで、時代錯誤ということにもなろう。だが、それだけではない。現在、国民が最も恐れ、警戒しなければならないのは、現在の保守勢力が憲法空洞化と時代錯誤の方向に、むしろ意図的に政治を推し進めようとしてい

るのではないか、ということである。(『タイムス』74・4・23)

靖国神社反対論の広まりが日の丸・君が代に比べて遅れたのは、それだけ戦没者慰霊および遺族支援と結びついていたためかもしれない。

三．『沖縄時報』の論理 ―もう一つの「反復帰」―

『沖縄時報』(以下、『時報』)は一九六七年八月一日に創刊され、一九六九年八月に廃刊した日刊紙である。その社論は「即時復帰反対」であり、沖縄の財界が崎間敏勝社長[44]を後押ししたとされているが、短期間で消滅したため、詳細は不明な点が多い[45]。新川明らとは異なる立場ではあっても「反復帰」論には違いないので、天皇制への姿勢という観点から、その短い軌跡を検討してみたい。

アンガー高等弁務官と松岡政保主席が祝辞を寄せた創刊号の社説では、次のように自らの使命を掲げている。

「沖縄時報」はまさに…『声なき声』を、従来の各個撃破による軽視と翻弄の境遇から救い出して、住民大衆の耳に達する「声ある声」にするため、言論の市場を広げようとするものである。(『時報』67・8・1)

即時日本復帰の主張は沖縄県民の生活を顧みない、今日的にいえばポピュリズムであり、『新報』『タイムス』はその流れに掉さすだけで新聞としての使命を果たしていないという辛辣な批判である。『時報』は即時復帰反対を主張する団体の動きを詳細に報道した。

「復帰反対決議」に支援要請／即時復帰反対協

国場〔国場幸太郎〕琉球商工会議所会頭とコザの即時復帰反対協議会の末吉業信会長〔コザ商工会議所会頭〕は、二日午前十時から琉商会頭室で同協議会が決議した「即時日本復帰反対決議」について協議した。…コザでは同協議会の主催で、六日午後二時からゴヤ商事ホールで即時日本復帰反対の住民大会を開催、さきの決議についてさらに即時復帰反対のデモンストレーションを行なう、という。（『時報』67・9・3）

記事にもあるように、九月には、復帰協に対抗して、基地関係の業者が多いコザ商工会議所を中心とする即時復帰反対協議会が結成された。そもそもこの時期にこのような即時復帰反対論が出現したのは、近い将来に復帰が実現するという予想が立ったからにほかならない。沖縄を日本から切り離して米国の施政権下に置くという決定が沖縄県民のあずかり知らないところでなされたように、来るべき日本復帰も沖縄県民の頭越しになされることは目に見えていたはずである。そのような中で『時報』が唱えたのは、あくまでも「即時復帰反対」であって、沖縄の日本帰属自体を否定するものではなかった[46]。また、沖縄教職員会が一九六六年に基地反対の方針を決定し、「核抜き本土並み」が復帰協の主張となったことに危機感を覚えた、基地に関係する業者のリアクションという面もあった。

即時復帰反対協議会は発足直後、新聞各紙に意見広告を掲載した。その趣旨は、米国統治下の沖縄では基地需要が三次産業就業人口を五〇パーセントに高めていることと、独自の通貨制度（ドル流通）の下における「行政障壁」「関税障壁」を条件として一次・二次産業が育成されてきたことから、即時復帰によって基地が撤廃されたり、障壁が消滅したりすれば、沖縄経済が壊滅状態に陥ることは間違いないという悲観的観測であった。さらにはその結果、県民が本土よりもはるかに低い生活水準になった場合、県民に対する蔑視をもたらすであろうとも警告した。「我々が求める復帰の理想像は現在の住民人口が現在と同じか、またはそれ以上の生活水準を維持しながら誇りをもって堂々と本土の一県として復帰することであって百万県民が難民のように本土政府の救済にすがるという悲惨な形の復帰であってはならない」（『時報』67・9・4）という文言には、戦前の差別の経験が色濃くにじんでいる。同月七日には末吉を代表として二〇〇名が松岡政保主席を訪問し、決議文と陳情書を手交した。末吉自身も『時報』で自らの見解を公表している。

　末吉業信「即時復帰に反対する」

要するに我々は、日本に復帰するのに決して反対するということではない。…何んらの具体策をもたずして、裸同然で復帰したのでは、本土同胞に経済的に、精神的に負担をかけることになり、結果的には、戦前の三等県民になりさがることは、見え透いたことである。（『時報』67・9・15）

　琉球政府文教局長として沖縄教職員会と対決路線をとった真栄田義見は、復帰運動に否定的評価を与え、特に運動の主体である労働組合を批判した。

　真栄田義見「復帰運動と勤労者の矛盾」

沖縄の復帰運動には…歴史的劣等感からの反射運動的要素が多分に含んでいる。…沖縄の場合には劣等感と日本ナショナリズムからの疎外を恐れて、こういう利益的主張に大変怯懦である。…沖縄の基地労働者は何でその飯の食い上げになるような基地反対闘争をするのか。理念に殉じて死ぬのは本望だというのか、天皇陛下のためならば何で命がおしかろうというかっての迷盲に通じるものがその中にはあるのではないかと思われる。（『時報』67・10・6）

復帰後は「反復帰」論を批判し、教育現場における日の丸掲揚・君が代斉唱を当然とする主張を掲げた真栄田は[47]、教員の側からすれば、ひたすら時の体制に奉仕するように見えたであろう。特に即時復帰反対論者が沖縄経済における基地の重要性を強調していたことは、基地反対の主張を掲げるようになってからの沖縄教職員会や復帰協とは全く相いれない立場であった。とはいえ、創刊初期の『時報』は、即時復帰反対に対する喜屋武真栄の反論を掲載しており[48]、両派が議論を戦わせる舞台になる可能性もあった。

そのような『時報』は、皇室に対してどのような姿勢であったかといえば、『新報』『タイムス』と大差はなかった。すなわち叙勲に際しては沖縄の受章者を報じ、年末年始は皇室の一家団欒を報じた。『新報』『タイムス』と対照的なのは、創刊後初めて訪れた建国記念の日については、むしろ奉祝行事を挙行した団体の側に立って報じたことである。

雲にそびゆる高千穂の…／生長の家／「建国記念日」を祝う
生長の家沖縄連合会の光明会館では、十一日午前十時から恒例の建国記念の日沖縄奉祝会（委員長稲嶺一郎）が行われた。会場にはおよそ五百人の人たちが参加して盛大に行なわれ…紀元節の歌を合唱、日本国民の誇り高い精神をなつかしんでいた。（『時報』68・2・12）

一九六八年三月一日にはそれまでの四頁から八頁に紙面を拡張しており、『時報』が一定の購読者を確保していたことが窺える。同月一七日には沖縄遺族連合会婦人部大会が開催され、靖国神社国家護持を決議したが、『時報』はこのニュースを大きく取り上げた（『時報』68・3・18）。

四月には時事通信社大阪支社内に間借りして関西支局を開設するなど、『時報』は発展の道をたどっているように見えた（『時報』68・4・25）。天皇誕生日には叙勲と合わせて天皇の近況を報じているが（『時報』68・

4・29)、これは『新報』『タイムス』と横並びの報道である。
六月三〇日には沖縄住民の生活を守る会が結成され、復帰前に自立経済を確立すべきであると、言い換えれば自立経済が確立する前の復帰に反対であると主張した。七月二一日には沖縄の左傾化に反対すると標榜して日本民族再建同盟が結成されたが、好意的な立場の『時報』から見ても、集まりは芳しくなかった[49]。八月には創刊一周年を迎え、アンガー高等弁務官からの祝辞も受けて意気揚々としていたが、米軍基地の存続を掲げる『時報』の論理が、当時の沖縄世論の大勢に反するものであったことは間違いない。

この頃、米国民政府は長らく沖縄県民が要求してきた主席公選を容認した。主席選挙は一一月に実施されることになったが、合わせて立法院議員選挙および那覇市長選挙も行われた。俗にいう三大選挙である。これに備えて沖縄教職員会は与党である沖縄自由民主党に対抗すべく、沖縄民主教育連盟を組織し、選挙に向けての態勢を整えることになった。沖縄教職員会はじめ、沖縄県労働組合協議会（県労協）や全沖縄軍労働組合（全軍労）といった労働組合、沖縄社会大衆党、沖縄人民党、沖縄社会党などの中道左派政党が結集して、沖縄教職員会会長屋良朝苗を主席候補に擁立して選挙戦を戦い、勝利したことは周知の事実である。『時報』は当然のことながら、即時無条件復帰を掲げる屋良に反対する論陣を張ったが、特に沖縄教職員会を標的に定めて、その活動を批判する社説を繰り返し掲載した[50]。

主席公選が屋良の勝利に終わった後も、『時報』は屋良政権批判の論陣を張るが[51]、ここから『時報』は転落の道をたどっていく。経営が悪化して社員の給与支払いが滞りがちになり、一九六九年三月から五月にかけてストライキが頻発して、休刊が相次ぐのである[52]。そのような中でも、正月には皇室の一家団欒の光景と新年一般参賀の様子、建国記念の日には奉祝行事、折に触れて皇室の近況を報じるという『時報』のスタンスに変化はない。

だが、『時報』が断末魔を迎える直前になって、沖縄の日本帰属を自明の前提としない、正真正銘の「反復帰」

論者が立て続けに登場する。一人目は歴史家の山里永吉で、「日本は祖国に非ず」と題する論説を寄稿した。

われわれの先祖がつくった琉球のすぐれた高い文化、そして彼らが歩いてきた苦悩にみちたながい歴史と、不屈な精神をもって守りつづけてきた伝統的平和主義、その歴史を知り、その誇りをはっきり身につけることによって、われわれは胸をはって世界中が歩けるのである。我々の祖国は、けっして日本ではない。われわれの祖国は沖縄である。だから、『われわれは日本人である前に、まず誇り高い沖縄人であれ』という、独立自尊の旗を、琉球政府の屋上にひるがえしてこそ、すべての沖縄人は救われるのである。(『時報』69・6・4)

二人目は元政治家の仲宗根源和である。仲宗根は、戦前は社会主義者で、第一次共産党事件で検挙され、投獄の後に転向した経歴を持つ。戦後は初の自治組織であった沖縄諮詢会のメンバーとなり、沖縄民主連盟を組織して琉球独立を主張した。「復帰を急ぐな―即時無条件復帰論者はこの歴史的事実を忘れてはならぬ―」と題する論説は、薩摩藩による琉球支配や琉球処分以来の県民の苦難を強調したうえで、「祖国復帰」という考え方を否定した。

沖縄が日本と一緒になることは決して祖国復帰ではない。日琉合併である以上、無条件とはとんでもない。沖縄は大いに条件をつけて、慶長の昔のような征服ではなく、明治のような強奪でもなく、平和な理解しあった日琉合併でなければならぬ。(『時報』69・7・1)

山里と仲宗根の「反復帰」論は、沖縄が日本に帰属することを否定しない『時報』本来の立場とも、国家の枠組み自体を拒絶する新川明らとも異なる。復帰という政治的現実を前に、他者として日本と対峙する、いわば沖縄ナショナリズムを提唱するものであった[53]。日本復帰に反対する論者が天皇制国家による抑圧を立論の材料にしたことは、それまでの復帰運動と天皇制の親和性の裏返しであったといえる。

八月には「琉球議会設立の趣旨」[54]、一〇月には「沖縄人の沖縄をつくる会」の意見広告が各紙に横並びで掲載された。復帰する前に日米両政府へ経済的保証を約束させるべきという趣旨で、即時復帰反対論者の最後の叫びであったが、沖縄人の沖縄をつくる会の結成には一五〇〇人が参加したと報じられた（『新報』69・10・12）。同会の発起人には当間重剛元行政主席（同会会長となる）やオリオンビール創設者である具志堅宗精、宮城仁四郎元那覇商工会議所会頭など、錚々たる面々が名を連ねていた。肩書を見ると企業人が多いので、既得権益固守の動きと酷評されるのも無理はないが[55]、日米両政府が沖縄県民の頭越しに沖縄の命運を決めることに対する反発は、立場は違えども、後の沖縄返還協定に対して沖縄教職員会などの復帰運動団体が反発したことに通じるものがある。

『時報』はこの頃、姿を消した。七月から給与が支払われなくなり、九月五日から従業員がストライキを起こして発行停止に陥ると、その発行をすることはなかったのである[56]。一一月には日米共同声明で沖縄返還が合意され、即時復帰反対を唱えても無駄という状況になった。『時報』を支援する動きが財界になかったのは、この流れを察知したからと考えられる。皮肉なことに、この後は従来の復帰運動推進派が復帰に疑問を呈するようになり、それにつれて沖縄では天皇制批判の声が強まっていくのである。

おわりに

本稿で明らかにしたように、沖縄における天皇制批判は、新川明らの「反復帰」論以前に、異なる文脈で発生していた。沖縄教職員会が教育研究集会などで日教組の支援を受けながら、日本国憲法に基づく教育を進める以上、日教組の日本国憲法観から派生する天皇制批判と距離を置き続けるのは不自然であった。だが、そもそも沖縄における天皇制批判は、沖縄が本来天皇制に包含されない、日本とは異質の地域であることに起因する。建国記念の日は、たとえ神武天皇の即位が歴史的事実であったとしても、沖縄には関係のない話である。皇室と密接に結びついた日の丸・君が代が沖縄にとって不可欠の存在というわけでもない[57]。また琉球処分以来の大日本帝国による沖縄への抑圧と住民を巻き込んだ沖縄戦の惨禍は、広く県民の共有する史実であった。ゆえに、日本と距離を取ろうとするとき、社会主義者でなくとも天皇制国家による抑圧を強調する論法を取った。

しかし、そのようなことは最初からわかっていたはずである。それでも復帰運動が日の丸掲揚を奨励し、沖縄の新聞が盛んに皇室報道を行ったのは、沖縄が日本に帰属する以上、沖縄県民もそのようにふるまうべきという固定観念のなせるわざであった。しかしながら、違和感は確かに伏流として存在した。それが表面化したのが、皮肉にも復帰が実現するときであった。「反復帰」論はその表現の一つといえる。

建国記念の日や日の丸・君が代に比べて、靖国神社を批判する動きが遅れたのは、戦没者遺族支援と結びついていたためであろう。実利をもたらしていたがゆえに、違和感が生じにくかったのではないだろうか。

即時復帰反対を掲げた『時報』が、末期を除いて天皇制批判と無縁であったのは、その主張が「反復帰」論ではなかったからである。その点、本稿は『時報』に対する従来の評価を覆すものではないが、『時報』を舞台として展開された議論は無視すべからざるものがあったと評価できる。言論の多様性を担保するためにも、やはり新聞は多数存在する方がいいのである。

復帰後の沖縄では、天皇・皇太子の招請とそれに反対する運動や、教育現場での日の丸・君が代強制に対する論争など、天皇制が県民を二分する一大争点となった。天皇制批判が革新勢力の主張として、はっきりと姿を現したのである。それらが持つ意味を考えることが筆者の次の課題である。また、「反復帰」論それ自体の考察についても別稿を期したい。

〈付記〉

本稿は科学研究費・基盤（C）二〇一九～二〇二一年度「象徴天皇制における国民統合の実態研究―戦後沖縄を事例として―」（基盤C課題番号19K00974）の成果の一部である。

1　冨永望「戦後沖縄の皇室報道―「反復帰」論出現以前を中心に―」（河西秀哉・瀬畑源・森暢平編『〈地域〉から見える天皇制』吉田書店、二〇一九年）。
2　「特集　反復帰論」（『新沖縄文学』一八号、一九七〇年）、「特集　続・反復帰論」（同一九号、一九七一年）。
3　新川明『反国家の兇区』（現代評論社、一九七一年）に、一連の新川の「反復帰」論が収録されている。本稿を執筆するにあたっては、同書を参照した。
4　西里喜行「沖縄における「反復帰論」とその周辺」（『民主文学』七〇号、一九七一年）。
5　大田昌秀「沖縄「反復帰」の思想的原点―復帰にかける沖縄の心―」（『月刊社会党』一七八号、一九七一年一二月）。
6　国立国会図書館調査及び立法考査局『沖縄復帰の基本問題―昭和四十五年度沖縄調査報告―』（一九七一年六月）。
7　「座談会　日本国家となぜ同化し得ないか」（『中央公論』八七集六号、一九七二年六月）。
8　「座談会　近代沖縄と天皇制―その諸相と問題点―」（『新沖縄文学』二八号、一九七五年）。
9　沖縄タイムス社編『沖縄にとって天皇制とは何か』（沖縄タイムス社、一九七六年）。同書は『タイムス』での連載を書籍化したもの。

10 鹿野政直『戦後沖縄の思想像』(朝日新聞社、一九八七年)。鹿野はその後も、『沖縄の戦後思想を考える』(岩波書店、二〇一一年)で同様の問題意識を継続している。

11 小熊英二『〈日本人〉の境界 沖縄・アイヌ・台湾・朝鮮植民地支配から復帰運動まで』(新曜社、一九九八年)。

12 納富香織「五〇年代沖縄における文学と抵抗の「裾野」『琉大文学』と高校文芸」(『沖縄 問いを立てる6 反復帰と反国家 「お国は?」』社会評論社、二〇〇八年)。

13 福嶋純一郎「暴力批判論としての「反復帰」論―「ヤポネシア」と「琉球弧」をめぐって―」(『法学新報』一一五巻九・一〇号、同一一・一二号、二〇〇九年)。

14 大城清彦「戦後沖縄と「反復帰」論―「反復帰」論形成の思想的背景―」(『文学研究論集』三六号、二〇一二年)。

15 小松寛『日本復帰と反復帰 戦後沖縄ナショナリズムの展開』(早稲田大学出版部、二〇一五年)。

16 村上克尚「「沖縄」とともに生きるために―岡本恵徳「『沖縄ノート』論」を読む―」(『アジア・太平洋研究』四一号、二〇一六年)。

17 大野光明「持続する反復帰論―岡本恵徳の思想から考える―」(同前)。

18 神子島健「岡本恵徳「水平軸の発想」と「中央集権」への批判」(同前)。

19 松田剛「非国民になる思想―新川明の反復帰・反国家論を読む―」(『社会文学』四五号、二〇一七年)。

20 中野好夫と新崎盛暉は一九六〇年代初頭の琉球大学の学生運動に、反復帰論的な心情が形成されはじめていたことを一九七六年の時点で指摘したが、挿話的に触れているだけで、詳細な分析を行うには至らなかった。中野好夫・新崎盛暉『沖縄戦後史』(岩波新書、一九七六年)一二〇~一二一頁。

21 少数派ではあるが、沖縄人民党の言説や新聞の投書における天皇制批判の事例があることは旧稿で紹介した。前掲冨永「戦後沖縄の皇室報道―「反復帰」論出現以前を中心に―」参照。

22 ルオフは建国記念の日制定が市民運動の流れを受けて実現したことを指摘した。ケネス・ルオフ著、高橋紘監修、木村剛久、福島睦男訳『国民の天皇』(共同通信社、二〇〇三年)二二五~二五四頁。

23　瀬長は「日本復帰の主張の建前からこの休日は休んでいかんと思います」と反対した。『立法院会議録』第一回定例会一九五二年六月二日。

24　前掲冨永「戦後沖縄の皇室報道―「反復帰」論出現以前を中心に―」参照。

25　古堅は天皇制ファシズムによって沖縄が被害を受けたという趣旨の反対意見を表明している。『立法院会議録』第一八回定例会一九六一年六月一六日。

26　この改正案については、沖縄社会大衆党・沖縄人民党・沖縄社会党の議員と無所属議員二名（久高将憲、知念朝功）の計一一名が共同で発議し、全会一致で可決した。また、この時の改正で慰霊の日が六月二二日から二三日に改められた。理由は、沖縄戦における日本軍司令官だった牛島満中将が自殺した日が、それまで定説だった二二日ではなく二三日であったと判明したためである。『立法院会議録』第二八回定例会一九六五年四月九日。なお、当時の松岡政保主席は、米国民政府が憲法記念日の追加について、最後まで渋っていたことを証言している。松岡政保『米国の沖縄統治二十五年　波乱と激動の回想』（一九七二年）一七七～一八〇頁。

27　砂川は君が代については、「もちろん君が代の歌詞が国歌としてふさわしいものであるか議論の余地はあろう。しかし歌詞の適否を論ずる前に、制定される期間教えたらどんなものだろうか」と述べている。

28　「局長会議録一九六六年第六一号」（『局長会議録一九六六年～一九六七年』沖縄県公文書館所蔵）。

29　田港朝昭「紀元節復活に反対　建国記念日制定をめぐって」（『新報』66・12・27）。田港は沖縄史研究者で、歴史教育についても積極的に発言していた。

30　櫻澤誠は、この教公二法案阻止闘争によって、沖縄教職員会の革新勢力化が決定的になったとしている。櫻澤誠『沖縄現代史　米国統治、本土復帰から「オール沖縄」まで』（中公新書、二〇一五年）一二七～一三二頁。

31　奥平一は一九六〇年代初頭において沖縄教職員会の青年部から日の丸・君が代への批判が出ていたことを指摘しながらも、大勢において同会の路線は同化主義的傾向を帯びていったとしている。奥平一『戦後沖縄教育史　復帰運動における沖縄教職員会の光と影』（ボーダーインク、二〇一〇年）一四七～一九二頁。

32　宮平隆介のプロフィールは不明。

33 仲宗根泉月のプロフィールは不明。

34 日米間の協議の結果、日の丸の旗の上に三角形の白地にローマ字でRYUKYUと染め抜いたものをつなぎ合わせ、琉球船舶の標旗とすることになった。しかし、琉球船舶は公海上では標旗を引っ込めて、日の丸を掲揚したと大田政作は証言している。大田政作『悲運の島沖縄　復帰への渦を追って』（日本工業新聞社、一九八七年）一三一頁。

35 屋嘉宗克は国文学者。万葉集や沖縄の民俗学的調査についての業績がある。沖縄地域学リポジトリ〈http://okinawa-repo.lib.u-ryukyu.ac.jp/〉二〇二〇年一月閲覧。

36 読者から「再び国旗について」教員伊良波貞夫『タイムス』69・10・10、読者から「「日の丸」について」仲原幸昭『タイムス』69・10・19、読者から「再び「日の丸」について」安村昌彦『タイムス』69・11・2、読者から「日の丸の象徴」仲元スミ　58歳『タイムス』同日付。このうち安村のみが日の丸を否定しており、他は肯定論だった。

37 読者から「卒業式の「君が代」」平七　30歳『タイムス』70・3・24、読者から「「君が代」の美しさ」かむら『タイムス』同日付、読者から「「君が代」と軍歌」KT生『タイムス』70・3・27、読者から「「君が代」と戦争」当山政義『タイムス』70・3・29。かむらのみが君が代肯定論で、ほかは否定論だった。

38 一九八五年九月に文部省は卒業式・入学式において日の丸掲揚と君が代斉唱を徹底するよう、各都道府県・指定都市教育長宛に通達を出した。これを受けて沖縄では県民を二分する論争となり、翌一九八六年と一九八七年は、沖縄県内の多くの学校において、卒業式と入学式で日の丸と君が代をめぐる混乱が頻発した。しかし一九八八年からは日の丸掲揚と君が代斉唱がほぼ全ての学校で実施されるようになり、沈静化した。

39 前掲櫻澤『沖縄現代史』七四～七六頁。

40 たとえば一九六三年の沖縄遺族会青年部夏季参拝に際しては、懇親会で筑波藤麿宮司が次のようにあいさつした。「沖縄はむづかしい国際情勢の中に置かれておりますが、神社では沖縄のことにつきましては今後共出来る限りのことは致したいと思います。どうぞ皆さんはこの機会に、本土の良い所をなるべく沢山御覧になつて、将来の沖縄を担ふ手だてとして頂きたい」（『靖国』九八号、一九六三年九月）。

41 渡辺治『戦後政治史のなかの天皇制』（青木書店、一九九〇年）二七六～三〇四頁。

42　田中伸尚『靖国の戦後史』（岩波新書、二〇〇二年）二九～九六頁。

43　赤澤史朗『靖国神社　「殉国」と「平和」をめぐる戦後史』（岩波現代文庫、二〇一七年）一五三～二二五頁。

44　崎間敏勝は一九二二年生まれで、琉球政府の要職を歴任し、大衆金融公庫総裁を務めた。比嘉康文『「沖縄独立」の系譜　琉球国を夢見た6人』（琉球新報社、二〇〇四年）五五～一〇一頁。その他の役員は、糸洲安剛代表取締役専務（里印刷社長）、嘉陽安男編集局長（前沖縄産経新聞社社長）、野村健営業局長（前沖縄新聞社社長）、金城英淳総務局長（元第一相互銀行常務）となっている。『時報』67・8・1。

45　『時報』労働組合委員長だった山城義男による記録がほぼ唯一の証言である。沖縄フリージャーナリスト会議編『沖縄の新聞がつぶれる日』（月刊沖縄社、一九九四年）二三九～二六一頁。ただし、同書には崎間敏勝も短い回想を寄せていて、糸洲と嘉陽に経営破綻の責任があるとしている。また、同書における山城の記録について「もちろんなんの価値もあるはずはなく」と非難しているが、具体的に山城の叙述のどこが誤っているのかは説明していない。同書二六二～二六三頁。

46　ただし、崎間敏勝自身は、註55で触れるように、琉球独立党を結成して参議院選挙に出馬するなど、琉球独立を確信的に主張していた。前掲『「沖縄独立」の系譜　琉球国を夢見た6人』五五～一〇一頁。

47　真栄田義見「天皇と沖縄との出会い」『タイムス』73・2・1～2、同「日本悪者論への反省　偏狭な民族主義は捨てよ」『タイムス』83・6・20、同「国歌と国旗　日の丸・君が代は国の象徴」『タイムス』86・3・5。

48　喜屋武真栄「即時復帰ということ」『時報』67・9・13。喜屋武は即時復帰反対協議会について、名指しは避けながらも、「混乱を取り除くための要求をすることと反対とを混同して、県民の将来、即ち国家百年の大計を誤らすような反県民的言動をすることは、誠に遺憾というほかはない」と批判した。

49　取材メモ「「君が代」で開会した結成大会」『時報』68・7・22。

50　社説「教職員会を疑う」『時報』68・5・26、社説「教育の正常化」『時報』68・6・9、社説「腐った教育界」『時報』68・6・16、社説「「教育の中立を守る父兄の会」の事業」『時報』68・6・23など。

51　社説「即時復帰論のからくり」『時報』68・11・15、社説「だまされた有権者」『時報』68・11・17。

52　前掲『沖縄の新聞がつぶれる日』二三九～二六一頁。『時報』がストライキで発行停止に追い込まれたのは三月六日～八日、四月六日~七日、五月一七日~三一日。いずれも再開時に紙面で読者に謝罪している。

53 ただし、山里や仲宗根が琉球王国を独立の原点と捉えるとき、奄美・宮古・八重山の独自性と、琉球王国がこれらの地域を軍事的に征服し、圧政を敷いた史実をどこまで認識していたかは疑問である。

54 琉球議会は一九六九年一〇月に正式に設立して、真栄田義見が委員長に選出されたが、県民の支持が得られないまま自然消滅した。『沖縄大百科事典』下巻（沖縄タイムス社、一九八三年）八六二頁（屋宜光徳執筆）。

55 前述の国会図書館調査及び立法考査局も、この運動を「この種の独立運動が「歴史逆行的」である限り、すべて短命に終わる宿命をもつのはさけられない」と酷評しつつ、沖縄政財界および文化界の著名人が名を連ねた事実に、沖縄県民の「心的障害のひろくあつい地層を垣間見る」と指摘した。前掲『沖縄復帰の基本問題—昭和四十五年度沖縄調査報告—』参照。

56 なお、沖縄人の沖縄をつくる会は、一九七一年の参議院選挙に際して琉球独立党を組織して、崎間敏勝を候補に立てたが、落選し、そのまま消滅した。前掲『沖縄大百科事典』上巻五三八頁（屋宜光徳執筆）、下巻九〇七頁（島袋邦執筆）。『時報』のバックナンバーは一九六九年八月三一日付七二二号までは沖縄県立図書館に所蔵されている。崎間敏勝は沖縄人の沖縄をつくる会の発起人に名を連ねており、ストライキを放置して結成大会にも参加したことで、労働組合の反発を買っていたと報じられている。『新報』69・10・12。

57 一九五〇年一月には、米軍政府の命令で沖縄旗を制定する動きがあったが、沖縄県民の支持を得られず、定着しなかった。強行していた場合、どうなったかは想像力をかきたてられるところである。おそらく親米路線をとる沖縄の保守勢力は、沖縄旗掲揚を奨励していたのではないだろうか。

第四章　初代象徴皇太子としての模索

―一九六〇～八〇年代の明仁皇太子・美智子皇太子妃―

河西秀哉

はじめに

「常に国民を思い、国民に寄り添いながら」――二〇一九年五月一日、即位した徳仁天皇が、即位後朝見の儀で述べた「おことば」の一節である。このように国民を意識する天皇像は、近年、象徴天皇のあり方として定着してきたと言ってもよいだろう。同じ「おことば」のなかで徳仁天皇は、父親である明仁上皇の在位中のあゆみを「世界の平和と国民の幸せを願われ、いかなる時も国民と苦楽を共にされながら、その強い御心を御自身のお姿でお示しになりつつ、一つ一つのお務めに真摯に取り組んでこられました」と評価している[1]。つまり、平成の明仁天皇が国民を意識してそれを基にして行動してきたことが、次の天皇からも認められ、それを受け継ぐことが表明されているのである。こうした明仁天皇の思想や行動は、マスメディアや研究者からは、いわゆる「平成流」と評されてきた。では、これは彼のなかでいかに形成されてきたのだろうか。

一九九〇年代までの象徴天皇制研究は史料公開状況とも関係し、占領期の制度形成に関する解明に重きが置かれてきた。昭和天皇がいかに戦争責任論・退位論を回避して在位し続けたのか、日本国憲法に「象徴」という概念が登場してきたのはどのような過程なのか。こうした問題に焦点が当てられて研究が進展してきた。その後、二〇〇〇年代に入り、象徴天皇制の定着期に研究が展開していく。「象徴」の内実が次第に様々な変容を重ねながら固まり、政治・社会のなかで定着していく状況を実証的に解明する研究が相次いだ[2]。筆者のこれまでの研究はこの潮流のなかにいる。そして、近年は、明仁天皇の皇太子時代に焦点を当てて研究を進めてきた[3]。一九五〇年代初頭、占領終了後の「新生日本」の再出発とともに登場した青年皇太子としての明仁皇太子は、講和独立というナショナルな人々の意識を基盤に、日本社会のなかで大きな期待感がもたれた。そうしたなかで実施されたイギリスなど欧米諸国の外遊では、「新生日本」を示す存在としての皇太子像が受容された一方、皇太子にとっても君主制のあり方を学び、また戦後社会における日本の立ち位置を認識する機会ともなった。そして一九五九年四月の正田美智子との「ご成婚」は、「恋愛結婚」言説が日本国憲法の理念と合致し、またその後の生活スタイルが高度経済成長の若い世代、特に核家族のモデルとして受容され、ミッチー・ブームとして人気を博した。とはいえ、皇太子夫妻の人気は継続しなかった[4]。そうしたなかで、彼らは「象徴」像を模索していくことになる。

その模索のなかで、後のいわゆる「平成流」の原型が生まれた。そうした指摘は、近年、筆者や瀬畑源、原武史などによってなされ始めてきている[5]。ただし、それは未だ言及レベルに留まっているようにも思われる。より精緻な検討を通じて、いわゆる「平成流」の原型を明らかにする必要があるのではないか。本章の課題はそれである。明仁皇太子はミッチー・ブーム後、騒ぎとも言えるようなブームが去ったなか、自身のあり方について模索していく。皇太子という存在は、日本国憲法や皇室典範にその職務について何も規定はない。つまり、自ら公務を生み出さなければならなかった。戦前までであれば皇太子は軍務を勤めたはずであるが、敗戦後はそれもなく、象徴天皇制下において初代の皇太子であった彼には、前例となる存在もなかった。そして、マスメディアが発達し自らの一挙手一投足が報じられる立場もこれまでにはほとんどなかったとも言える。そして、皇太子は長きにわたり皇太子という存在であり続けたため、日本国憲法に規定された天皇の位置づけである「象徴」とは何かを考える準備期間が長くあった。では、その時に彼は何を考えていたのか。そして、マスメディアは次の「象徴」をどうしようとしていたのか。本章では、一九六〇年代から八〇年代を中心に、皇太子の思考と行動、そしてそのイメージを検討していきたい。

一・公務の模索と皇太子イメージ

ミッチー・ブームによって人々からの注目を浴びていた皇太子夫妻ではあったが、その人気は長くは続かなかった。とはいえ、彼ら自身、ブームだけに立脚して行動していたわけではない。ブームの最中から、自身のあり方についての模索をしていたと思われる。その一つが、国民との関係性をいかに構築するかという点である。一九六〇年九月、記者から「欧州の王室に比べて、日本の皇室は国民に接する機会が少ないが、いかがですか」と問われた皇太子は、次のように答えている。

国民との接触は大事だと思う。国民から離れてはあり得ない。ただ政治的な立場など、いろいろ違った面があるし、欧州とは違ったやり方で接することもあり得ましょう[6]。

ここで皇太子は、国民との関係性、特に君主と国民とが近しくあることを重視している。それは、一九五三年の外遊で学んできたイギリスなどの王室と国民との関係性が念頭にあったのだろう。とはいえ、単にヨーロッパのような君主制でもないと強調していることは重要ではないか。「政治的な立場」にわざわざ言及していることからもわかるように、皇太子は「象徴」という天皇の位置づけが他の君主制にはないものであり、その模索が必要だと認識していたのである。このように、その後も続く長い皇太子時代の模索の胎動は、ミッチー・ブーム時からあった。

その模索の一つが、積極的な地方への訪問であった。しかも、皇太子と皇太子妃が一緒になって出かけているところにその特徴がある。これは一九六一年三月から本格的に始まっているが、国立公園大会（一九七二年より自然公園大会）、国民体育大会夏季大会・冬季大会、全国高校総合体育大会、全国身体障害者スポーツ大会、献血運動推進全国大会、全国育樹祭、全国豊かな海づくり大会などに出席し、彼らはそれにともなって各地域の様々な施設を訪問した[7]。各都道府県持ち回りで開催されるこうした行事に参加し、そのついでに地域の実情に触れ、人々との交流をすることを自身の仕事として積極的に行っていたのである。

また、国内への旅よりも前から、日本国憲法に規定された国事行為を代行する法律がなく海外に出ることができなかった天皇に代わって、各国元首クラスの来日に対する答礼や国際親善を目的として、皇太子夫妻は様々な国を訪問していた。こうした海外訪問も、「象徴」としての模索の一つだったと思われる。すでに結婚直後から一九六〇年にアメリカやイラン、エチオピア、インドなどを訪問していたが、一九六三年に美智子妃が流産し、静養した後もメキシコやタイ（一九六四年）、ブラジル（一九六七年）など世界各国を訪れた。このころになるとミッチー・ブームは去っており、マスメディアへの皇太子夫妻のブーム的な露出は減った一方、彼らは国際的に日本をアピールする役目を担っていたと言える[8]。

また、一九六〇年の皇太子夫妻は訪米中、ハワイのポンチボウル国立墓地のアジア・太平洋戦争の戦没兵士の墓を参拝し、その後に皇太子のみではあるがパールハーバーを訪れた[9]。また、ワシントンではアーリントンの無名戦死の墓に献花している。こうして戦争の記憶の問題に触れ始めた。一九六二年一一月のフィリピン訪問では、美智子妃は事前の記者会見で、アジア・太平洋戦争の被害を受けた戦争未亡人の生活を自ら知りたいと答えた[10]。フィリピンには戦争の記憶は未だ残っており、対日賠償をめぐっては複雑な感情があった。アジア・太平洋戦争で残された問題に、自分たちから対峙しようとしていたのである。

皇太子夫妻は外遊にあたってその国についての知識を得るため、学者から話を聞き、書籍を多数読んでいた。フィリピンについても、記者に「戦争の関係で一時複雑な対日感情があったようですが、どうお考えですか」と尋ねられ、皇太子は「非常にむずかしい問題だと思います。何といっても親善が目的ですから、その線でやっていきたい」と答えている[11]。皇太子自身は日本とフィリピンにおいて、戦後のこの時期にも戦争の記憶に関する問題が存在していることを充分に認識していた。日本国内において、戦争の記憶が薄れつつある、もしくは忘れ去られようとしているこの時期[12]にあって、外国を数多く訪問していた皇太子は必ずしもそうした国内の動向とは軌を一にはしていなかった。

とはいえ、こうした皇太子の国内・国外における公務の模索はそれほど大きくは報道されてはいない。それは第一に、ミッチー・ブーム後には皇太子夫妻に関する記事が急速に減少していたからである。そのため、その思想や行動も逐一報じられたわけではなかった。第二に、戦争の記憶に真摯に触れようとする皇太子の行動は、戦争責任を忘却したい日本国内の動向とは一致していなかったためである。そのため、マスメディアもそれを詳細に報じようとはしなかった。では、皇太子の何が伝えられたのか。その典型的なイメージが、結婚一〇年目の一九六九年の報道である。この時、女性誌を中心に、皇太子夫妻と家族に関する記事があふれた。

たとえば、「皇太子夫妻愛の十年」という記事[13]では、まず、皇太子と美智子妃との結婚によって、人々は「新しい『皇室づくり』に、期待を持った」と述べる。そして皇太子夫妻はその期待に応え、自分たちで育児をするなど、皇室内の古いしきたりを改革した。それには「皇太子さまのご理解があった」という。つまり、そうした新しい仕組みを整えたのは美智子妃であるという前提がある。皇太子はあくまで美智子妃の行動を見守る存在なのである。美智子妃は子どもたちのしつけに対しても「はっきりとした信念をもって臨まれ」、「お母さまとしてきびしく見守られるけれども、やはり、ふくよかなやさしさをもって接するという役割を受け持たれる」と評価された。女性誌ということもあるが、美智子妃が皇太子一家のあり方を変化させていることが前面に描き出された記事である。美智子妃の「内助の功」や家庭生活を押し出し、結婚から一〇年経った皇室の新しさを印象づけようとしたとも言える。そこには、皇太子が模索した公務の話は出てこない[14]。

皇太子に和歌を進講していた五島茂明治大学教授の文章[15]では、浩宮の教育方針(いわゆる「ナルちゃん憲法」)が美智子妃の発案であるとされるが、「あの基本方針は皇太子さまがお立てになっての上でおふた方の協同作業として成立したのではなかろうか」と述べている。ここでも、ミッチー・ブーム後の一〇年の皇太子夫妻を振り返るエピソードは家庭生活である。五島の記事のタイトルは「美智子さまを支えて愛の十年」であり、皇太子が美智子妃を夫として支えた論調で書かれている。皇太子のイメージは、あくまで良き夫であり、よき父として、伝統的な家庭に入った妻を支える姿なのである。ここには、将来の「象徴」として、公務を模索する姿はなかった。このように、結婚一〇周年の一九六九年を機会に、皇太子の家庭的イメージは再生産されていったのである。こうしたマスメディアの姿勢は、一九六〇年代に、風流夢譚事件や『思想の科学』自主廃棄事件・「美智子さま」執筆中止事件など、保守（権威）派からの反発を受け、しかも美智子妃が流産したことをきっかけに報道への批判が生じたがゆえに、報道が窮屈になって当たり障りのない記事が増えたこと[16]とも関係しているだろう。仲むつまじい夫婦像、美智子妃の「内助の功」は批判を生じさせない話題であった。

では、皇太子自身はどう考えていたのだろうか。この年の夏に静養先の軽井沢で行われた記者会見では、皇太子は「象徴」についてかなり体系的な説明をしている[17]。記者から「次世代の象徴として、これからの皇室のあり方は」と尋ねられた皇太子は次のように答えた。

> 国民の幸せを願って、国民とともに歩むのが基本的な姿勢です。それが現行憲法の姿勢だと思います。この場合、大切なのは、現実だけにとらわれず、先のことを見越して判断することだと思います。

ここでは、「象徴」をめぐる皇太子のいくつかのスタンスが示されている。第一に、「国民」という視点である。「国民の幸せ」「国民とともに歩む」といったフレーズを述べ、それが「象徴」としての役割であると強調したとも言える。第二に、「現行憲法の姿勢」、つまり日本国憲法を重視しているという視点である。第一の視点の国民という概念は、まさに象徴天皇制の存立基盤が「万世一系」の神話ではなく、「国民の総意に基づく」という日本国憲法にあるということを皇太子が意識していたからだろう。それは、「新生日本」の出発というナショナルな意識とともに自身の登場があったこと、「御成婚」によるブームがあったこと、そしてその後は人気の低下に直面していること、そうした経験が皇太子にあったからこそ、自らの存在意義や存立基盤を重視するようになったのではないだろうか。だからこそ、第三に、「先のことを見越して」という視点が提起されたのである。一過性のブームに踊らされず、「象徴」とは何かを模索することを続けることで、その後に国民からの支持が得られると考えていたのではないだろうか。

この皇太子の答えを聞いた記者からは、「それならば、もう少しはっきり意見を出されたらどうですか」というような意見とも言えるような質問が出た。これはおそらく記者の側に、皇太子がそうした考えを持っていたとしても外部には伝えようとしていないではないか、そのために世間に伝わっていないといういらだちのような感情があったからこそ出てきた質問だと思われる。それに対して、皇太子は次のように答えた。少し長くなるが全文引用したい。

たとえば儀式などでの言葉では、主催者側の希望を入れなければいけないが、それだけではロボットになってしまう。立場上、ある意味ではロボットになることも必要だが、それだけであってはいけない。その調和がむずかしい。

憲法上、直接の警告、指導はできないが、人に会う機会が多いので、そのつど問題を質問形式で取り上げ、(問題点に)気付いてもらうようつとめています。

公害問題を例にとると、人間の幸福を産業経済の発展を中心にみるか、人間の健康を中心にみるかだが、私は人の健康、生命を大切にすることが第一だと思います。公害にはかねてから関心を持っており、これまでも工場視察の際には、いろいろ質問をして、注意を喚起するようにしてきました。

象徴天皇は憲法上、政治的な発言をすることはできない。そのために皇太子は「立場上、ある意味ではロボットになることも必要」と述べた一方、しかしただ聞いていればいいというものでもないと強調する。天皇は様々な報告を受け、そのために多くの情報に接する。そうすると、それぞれの問題点や矛盾に気がつくこともある。そのため、それを指摘するにはどうしたらよいのか。しかし憲法上は「象徴」は「直接の警告、指導はできない」。ではそのバランスをどうとるのか。皇太子はそれを解消するために質問の形式をとることで、自分に話をしている人が問題点に気づくようにしていると強調している。天皇も内奏の場などで、下問という形で自らの意見を表明していたことは知られている[18]。皇太子もこの時期、昭和天皇に対する内奏の場に同席する機会もあり、そうした天皇と政治の関係性を実地で学び、そうした方法を自らも実践していたとも言える。政治家などとの交流を通じて、当時問題になっていた公害問題についても関心を高めており、重要産業・先端科学として皇太子が工場を視察する際、現場の人々に公害問題を注意喚起してきたというのである。皇太子は成人後、将来の「象徴」として自身の今後のあり方を考え、様々な経験を通じてそれをある種体系化したとも言える。それがこの結婚一〇周年の記者会見で示された。

これに対してマスメディアでは、「一般で考えている以上に時勢の流れに関心を示され、ご夫妻はご夫妻なりのお立場で考えておられた」と評価する記事もあった[19]。ただし、こうした皇太子の「象徴」をめぐる発言を取りあげる記事はそれほど多くはなく、世間には美智子妃とともに子育てをしている家庭的なイメージがあふれていった。

二．皇太子と威厳

昭和天皇が古希（七〇歳）となった一九七一年、天皇としての初めての外遊であるヨーロッパ訪問が九〜一〇月に行われることになり、その関連のなかで三月ごろから退位論が登場する[20]。それが提起された理由は二つある。第一に、退位すれば比較的身軽となり、外遊日程も組みやすいというものである。第二に、外遊が昭和天皇にとっての一つの「花道」となるのではないかというものである。この一九七一年の昭和天皇の外遊が、明仁皇太子の天皇即位の可能性を生み出したのである。

それは、天皇外遊中の国事行為を明仁皇太子が代行して担うためでもあった。退位論が出始めた時とまったく同じころ、「皇太子殿下がさっそくはじめる〝天皇学〟の内容」という記事が出た[21]。ここでは、外遊中の国事行為代行に対する皇太子の準備ぶりが紹介される。特に、明仁皇太子が子どものころからいわゆる「帝王学」に触れ、そして敗戦後にヴァイニング夫人や小泉信三に学んでいたこと、近年は官僚を中心に進講を受けていることが強調され、先述した公害問題への関心も触れられる。そして、皇太子自身が「自覚」を深めていることにも言及される。これによって読者は、皇太子は将来の「象徴」としての準備を着々と進めているかのような印象を受けるだろう。外遊を契機とした昭和天皇退位に向けて、人々に皇太子への期待感を高めようとする意図があるかのようにも見える。

同時期、皇室典範には退位に関する条項がないため、明仁皇太子を摂政にして昭和天皇の公務の負担を軽減すべきではないかという意見も登場した。ヨーロッパ訪問後に出された記事[22]では、皇太子を摂政にしようとする動きが存在していることを報じている。その記事のなかでは、昭和天皇の在位がすでに長期にわたること、古希を迎えたことなど、前述したこの時期の退位論で論じられてきた論理が展開されている。つまり、昭和天皇の「花道」論の延長に皇太子の摂政就任が考えられていた。また、摂政就任には次のような理由も存在しているという。

皇太子殿下も四十歳に近い。今回の天皇のご訪欧に当たっては、立派に国事行為の臨時代行を勤められた。国民もこぞってそれは認めた事実だ。そこで時期も実績も整ったので、皇太子殿下が摂政に就任され、老齢の天皇を激務から解放させてあげることは、すでに公然の事実として考えられている。

このように、皇太子が天皇外遊中に国事行為の代行を務めたことは、いわば「天皇職の〝予習〟」だったと評価するのである。明仁皇太子自身、三〇代後半となりすでに社会的にも経験を積み年齢を重ねていたため、「象徴」としての職務を代行する能力は充分にあると見られていた。この意見の背景にはそうした見方があったのである。

一方で、先述した「皇太子殿下がさっそくはじめる〝天皇学〟の内容」という記事では、皇太子の「ご学友」の一人でもあった作家の藤島泰輔（『孤獨の人』の作者）による「美智子妃と手をつないでスケートしてころんだり、ああいうのは困ります。失望ですね。皇太子には、皇室の威厳をもっと考えてもらいたい」というコメントを紹介している[23]。このように、皇太子をめぐってはこの時期、威厳という問題が提起された。それは、前述した家庭的なイメージが天皇にふさわしくないのではないかという考えの下に主張された意見だと思われる。

この威厳をめぐっては、藤島のように家庭的イメージ、夫婦仲むつまじい姿を皇太子夫妻が公ですべきではないという意見が提起されたほか、皇太子に口ひげをという意見まで展開された。これを紹介した記事[24]によれば、「今の天皇陛下にくらべて、激動の時代のご経験が少ないだけに、国民の信頼感はどうか」と学習院卒業生周辺では心配されており、過去の天皇のようにひげをはやし、それによって威厳を保ってはどうかとの意見が出ているという。藤島はそれに賛同し、ここでも皇太子には威厳が必要と主張した。旧華族出身で評論家の酒井美意子も「貴族的品格」が要求されると述べた。つまり、皇太子の家庭的イメージが天皇にはふさわしくないとの意見である。

これに対し、日本船舶振興会会長の笹川良一は、人々に「親しむ皇室のご努力の成果」を評価し、「徳をお積みになれば、しぜん威厳がそなわり、国民も尊敬の念を持ってついてくる」ので、ひげを生やすと主張することはナンセンスであると論じた。笹川は外見を変化させても意味がなく、公務を積み重ねること、次の「象徴」としての自覚を高めることこそ重要だと説いたのである。しかしいずれにせよ、皇太子がある種の威厳を身につける必要性を提起したとも言えるだろうか。

結局、一九七一年に昭和天皇の退位はなく、この皇太子の威厳をめぐる論争も解決されないままに終わっていくが、その後に何度も復活していく提起となった。それは、これまで展開されてきた皇太子の家庭的イメージと天皇としてのあり方にギャップを感じる人々からの疑問であった。

翌年以降も、威厳をめぐる論争は若干ではあるが展開された。とはいえ、皇太子の姿勢を評価する記事の方が目立つ。「浩宮教育に賭ける皇太子の〝孤独な〟決意」という記事[25]では、やはり藤島が登場して皇太子の家庭的イメージに対する批判が展開されるものの、全体的にそのイメージに対する肯定的な意見が多く紹介される。「ご学友」で共同通信記者の橋本明は、皇太子が「人間性を大事にと、一心にこだわっている。いわば反逆です」と述べ、これまでの天皇制を改革すべく動いていると論じた。このように、象徴天皇制にふさわしい形で皇太子が様々な改革をおこなっているとの論調の記事が、この後になると登場してくる[26]。ここでは、家庭的イメージもむしろそうした改革の産物として、肯定的に評価された。中学生となる浩宮への教育と関連させ、皇太子の姿勢がこの時期の社会のあり方や「象徴」にふさわしいと考えられたのである。

皇太子自身、記者から「浩宮様は将来の象徴になる人だと思いますが、そのための帝王学を具体的に何か」と問われ、次のように答えている[27]。

重要なものとして、人間として望ましい人格をつくることが第一で、それに立場からくるいろいろなものが加わってくると思います。帝王学はその両方を含むものと考えます。しかし、人間として望ましいものを身に付けることは帝王学ではなく、それは学校教育によるところが大きいのでは……。

ここで皇太子は、「人間としての望ましい人格」こそが重要だと強調している。いわゆる「帝王学」と呼ばれるような特別なものを教育するのではなく、むしろ普通に学校に通って教育されることで身につくものの重要性を説いた。それは、戦前のように東宮御学問所を設置して特別に教育する仕組みから、一般の人々と同じように学校で学ぶ仕組みへの変化であった。皇太子自身も、浩宮への教育方針を通じて家庭的イメージを強化していたとも言える。

このように、威厳ということが世間では提起されつつ、皇太子はむしろそれとは異なる「象徴」のあり方を模索していた。そうした思考は、その後も批判とそれに対する反論として、展開されていくことになる。それは、皇太子として「象徴」への助走期間が長かったゆえに起こった現象とも言えるのではないか。

三．「皇太子殿下＝パ・リーグ」論

明仁皇太子が四〇代に入ると、再びそのあり方をめぐって、様々な記事が掲載され、論争が展開されていく[28]。その代表的な意見が、ジャーナリストの児玉隆也が一九七三年に執筆した「皇太子への憂鬱」である[29]。この時、明仁皇太子は四〇歳になっていた。児玉によれば、タイトルの「憂鬱」とは、「やがて、彼を〝象徴〟と呼ぶ日の憂鬱」を指す。彼はそれを「いらだち」とも表現した。児玉はこの文章のなかで、「中年皇太子の魅力のなさ」に関する意見を紹介し、皇太子は「〝妻の持参金〟で食べている。だが、その〝貯金〟はもうなくなりかけていることに、周辺は気づいていない」と手厳しく批判している。妻の持参金、つまり美智子妃の人気で何とかこれまでは保っていたがブームもすでに過ぎ去り、皇太子自体に魅力がないためにそれが象徴天皇制の「地盤沈下」に繋がっていると児玉は見ていた。児玉はまた、魅力のなさの原因に「皇太子の女性週刊誌的疑似庶民像」を挙げている。女性週刊誌を中心としてミッチー・ブームが起きたこと、またそうしたマスメディアを中心に家庭的なイメージの皇太子が消費され人々に受容されたことを批判するのである。そして児玉は、「天皇には奇妙な魅力がある」としつつ、皇太子は「単なる『息子』」と対比させる。なぜ皇太子は人気がないのか。皇太子からは律儀で真面目な性格であることはわかるものの、しかしそれは「時にマイナス」であり、「日本に一人しかいない人間」としての魅力に欠け、そうした性格だけで人々を魅了するには「まだ若すぎる」、今は「若年寄」にすぎないと児玉は強調した。

ただし児玉は、明仁皇太子に若干の同情も寄せる。皇太子の性格は育てられた環境の影響もあるという。少年期・青年期と孤独な環境で育ち、敗戦という時代が変化するなかで、「『なんとか自分で環境を創りあげなければいけない。戦後民主主義の集団の中で、自分を律していかなければならない』という、自律思想への努力と、それは新しい皇室の継承者として自分を鍛えていくはずだという夢」を持っていったと児玉は見る。しかし、宮内庁の体質がそれを許さなかった。それゆえに差し障りのない対応をとり、皇太子の意識は果たされず、しかも人々からも見えなくなってしまう。結果として、不人気・無関心の層が広がっていったのだと児玉は指摘したのである。

同様の意見はその後も広がった。「『皇太子殿下が一部で不評』についての国民の心配」という記事[30]では、そのタイトルがはっきり示すように、皇太子の思考や行動が「一部で不評」を買っていることを記している。たとえば、これまでと同様に家庭的イメージに対する批判とともに、皇太子が外遊においてその訪問場所にこだわりを見せることに対しても批判が展開される。後者は、個性を示すことで外務省などに迷惑がかかっているというものである。天皇と同じスタイルを採るべきとの立場からなされた批判とも言える。

一方で、評論家でノンフィクション作家の上前淳一郎は「〝皇太子世代〟から見る次代の天皇像」という文章[31]のなかで、「皇太子に魅力がない、という人たちのほとんどが一度も皇太子に会った経験がない」と述べて、そうした批判を展開する人々の問題性を指摘する。そして、「日本の皇室はやがてヨーロッパ先進国の王室型になっていくだろう」との意見を展開し、皇太子の思想と行動がそうした流れの一環にあることを主張した。上前は明仁皇太子と同世代の立場で、そのあり方を評価したのである。

上前は翌年にも「皇太子殿下を見たことがありますか」という文章を発表している[32]。これは、各界様々な人々の証言とインタビューから構成されたものである。『サンケイ新聞』の宮内庁担当記者であった榊原亀之甫は「伊勢湾台風当時に較べれば、皇太子も成長されたこととは思う」「ポーズを捨て、なま身の人間の姿で国民に接していかれるよう期待する」と述べ、明仁皇太子による模索の状況を評価しつつ、さらにそれを深化させるよう提起した。一方で、一九七三年の成人式で成人代表として皇太子の前ではたちの誓いを読み上げた女性は、「人間というよりロボットの感じで親しみが持てず、話しかけてみたい気持が起きなかった」と証言する。ここからは、彼女が皇太子により親しみという要素を求めていることがわかる。上前はこうした意見を紹介することで、若い世代が皇太子に有してほしいのは威厳ではなく、自分たちにより近い存在であることだと提起しようとしたのではないだろうか。むしろ、皇太子が進めているような家庭的イメージをもっと進める必要性を論じたとも言えよう。そのほかにも、漫画家のサトウサンペイが「殿下、大ナタをふるって陋習を破ってください」と、歴史研究者の色川大吉東京経済大学教授が「今の皇太子は今の天皇ほど人気がない。その理由がどこにあるか、御本人は胸に手をあててよく考えてほしいと思う」と、歌手の森進一が「いまの天皇より、人間味とか感覚、渋味の上で負けているような気がします。なにかといえば記念式典やら、福祉施設のご訪問やらだけではなくて、たまには買い物やドライブもいかがでしょう」と述べているのを紹介しているように、皇太子の進める方向性は賛成しつつ、それをより深化させること、もっと世間にアピールすることを求める意見を取りあげ、威厳とは別の形での皇太子や「象徴」のあり方こそがふさわしいとの意見を展開している。

皇太子の公務に対する姿勢が評価されるようになった一つの要因は、一九七五年七月の沖縄訪問ではないかと思われる。一九七二年五月に日本へ復帰した沖縄では、一九七五年に本土復帰記念事業として沖縄国際海洋博覧会が行われることとなった。皇太子はその名誉総裁に就任し、開会式に出席するために夫妻で沖縄を訪れることとなった。しかし、沖縄戦とその後続いた米軍による占領経験から、沖縄における天皇制への忌避感は激しかった。沖縄では、皇太子来県反対の運動が広がっていた[33]。皇太子自身は沖縄訪問に並々ならぬ意欲を持って取り組んでおり、当初の訪問予定は博覧会会場だけで沖縄戦の南部戦跡は入っていなかったが、自らの希望で訪問場所に組み込まれた。

そして皇太子夫妻は七月一七日、沖縄を訪問する。そのなかでひめゆりの塔を訪れた際、過激派が火焔瓶を投げつけた。いわゆる「ひめゆりの塔事件」である。この事件後も予定されていたスケジュールはそのまま続行されたが、この事件は皇太子夫妻に大きな印象を与えたものと思われる。その日の夜には談話を発表し、「一人ひとり、深い内省の中にあって、この地に心を寄せ続けていくこと」を訴えかけた[34]。明仁皇太子はその後の記者会見でも「本土と沖縄は、戦争に対する受けとめ方が違う」と述べたほか、沖縄からの反応を「あるがままのものとして受けとめるべきだと思う」と発言している[35]。沖縄と天皇制と戦争、それらが切っても切り離せないことを認識し、それを受けて考える必要性を感じたものと思われる。また、「沖縄の歴史は心の痛む歴史であり、日本人全体がそれを直視していくことが大事です。避けてはいけない」「これからも機会があれば何回も行きたい」とも述べている[36]。沖縄への皇太子の関心は事件によってより深まった。

それとともに、「ひめゆりの塔事件」での皇太子の対応は真摯なものとして評価されていく。社会学者の藤竹暁は明仁皇太子に関する長文の文章[37]を発表し、これまでの皇太子のあゆみと人々の感情との関係性を論じた。そのなかで藤竹は、沖縄訪問は皇太子にとって賭であったと述べている。これまで人気が低迷していた皇太子の並々ならぬ意識がそこには見えるとし、これまで人々が見てこなかった皇太子の取り組みに注目する。「ひめゆりの塔事件」への皇太子の対応を契機にして、彼のこれまでの「象徴」への模索に光が当たるようになったのである。

とはいえ、それで人気が一気に回復したわけではなかった。それを代表する意見が一九七六年夏に提起される。「皇太子殿下＝パ・リーグ」論である[38]。これは『毎日新聞』社会部の沢畠毅によって執筆された記事で紹介された論であるが、沢畠はこれを「実力はあるのに、人気が、もうひとつパッとしないことを憂えたもの」だと述べている。これは、プロ野球のセ・リーグとパ・リーグの実力・人気と明仁皇太子を関連させたものであった。ここで重要なのは、第一に「実力はある」とされていることである。沢畠は皇太子の公務への取り組みを紹介し、それを評価している。一方で、第二に重要な点であるが、それが世間に知られておらず、人気につながっていないと見ていたことである。沢畠はその原因を、マスメディアでの記事に「過剰なほどの反応」をしているにもかかわらず、皇太子の取り組みや人格をうまく伝えようとしない側近たちにあると主張した。人気が上昇しない要因は皇太子にあるのではなく、そのまわりだとしたところにこの新しさがあった。皇太子への評価は生まれつつも、未だそれが広がっていない状況があった。

四．皇太子への期待感

「中年皇太子がいま燃えている」――一九七七年、明仁皇太子の「ご学友」の一人であった橋本明が書いた文章のタイトルである[39]。橋本はこのなかで、皇太子のこれまでを振り返りつつ、近年その思想と行動に変化が見られることを指摘している。それは第一に、沖縄への取り組みである。前述した沖縄への皇太子の真摯な対応を取りあげつつ、橋本は次のように述べる。

皇太子が、在沖米軍基地の存在など、きわめて政治的次元に近い問題についてどう考えているか、問う必要もあるまい。皇太子はこの種類の問いかけに答える立場ではないが、筆者にはわかる気がする。沖縄は、生きた永遠のテーマであろう。

橋本はここで、沖縄と米軍基地を関連させ、皇太子の取り組みを論じた。日本国憲法の立場上、皇太子は政治的発言をすることはできないが、しかし極めて政治・外交的な基地問題をも考慮に入れて、それが集中する沖縄に向き合っている皇太子の姿を描き出したのである。なぜ沖縄に皇太子は対応するのか。それは歴史的な問題だけではなく、現在の日本社会が直面している問題にも皇太子は向き合っているのだと橋本は示唆したのである。人々が直視していない沖縄の基地問題に、皇太子は対峙していると主張しているとも言えるだろうか。

そして橋本が指摘した第二の点として、こうした現在の問題を理解するために皇太子が多くの人々から進講を受け、様々な人々と会って意見を聞いていることを紹介している。皇太子のこの取り組みを橋本は、「皇太子は、どうしたら将来、われわれ国民が良い環境を維持し、より良い環境にしていけるか、腐心している」と評価する。これは、将来の「象徴」としての立場を皇太子が理解し、その上での行動だと橋本は主張しているのだろう。こう述べることで、皇太子の「象徴」としての模索は、長期的スパンに立った、深い思索だと印象づけられる。それの正当化が図られたとも言える。短期的に人気がない、おもしろみがないと切り捨てるのではなく、皇太子が何を考えているのかを人々が考える必要を説いたとも言えるだろうか。

そして橋本は第三に、昭和天皇と明仁皇太子の間で公務の分担がすでに行われているという状況を指摘する。日本全国や世界各国への訪問は、天皇がしていない公務であり、そうした場で障害者などと交流するなど、そこには「象徴」としての意味があると強調する。こうした皇太子の天皇観は、「千年の天皇の役割を基軸に展開され」、「連綿と文化の守護者に徹してきた時代の天皇こそ本来の天皇の本質的な姿」と考えているからこそなされたものだと主張した。昭和天皇を受け継ぎつつ、新しい「象徴」像を打ち立てようとしている皇太子の姿を評価すべきではないか、橋本はこの文章を通じて、そう人々に訴えかけた。皇太子に近い「ご学友」から皇太子の思考や行動の意図が説明された意味は大きいだろう。

皇太子自身、この年の誕生日の記者会見[40]で、「象徴」について考えることについて説明をしている。記者から浩宮の教育について、「今、歴史上名を残された各天皇方の事績を勉強されていて、殿下も一緒にお聴きになっていると伺っているのですが」と聞かれた皇太子は次のように答えた。

天皇の歴史というものは、今度も児玉学長に話を伺いました。ただ（私の場合は）少し前ですね、中学から高校にかけてだから。……

何というのでしょうか、こう「しみついてくる」というようなことはあると思いますね。……天皇の歴史というものを、その事実というか、そういったものを知ることによって、自分自身の中に、皇族はどうあるべきかということが、次第に形作られてくるのではないかと期待しているわけです。……

黛学習院大学教授や笹山教授の二人がやっておられますが、日本書紀とか続日本紀とかを中心にしておられる。古代ですから、史料というのは少ないわけですね。だからその史料から考えられる限り、こうが正しいんじゃないかとできる限り正確を旨としてやっておられるので、私は大変いいんじゃないかと思っています。

ここでは原典史料にあたって歴史を学ぶ姿勢が貫かれている。浩宮と一緒に天皇制の歴史を学び歴史意識を形成していくなかで、皇太子はそれを「象徴」を模索する際の参考にしていったのではないだろうか。橋本が述べたとおりの、天皇の歴史を学ぶという姿勢が皇太子の口から説明されたのである。明仁皇太子は前近代こそ本来の天皇制のあり方とする見方を進講などによって強化していったと思われる。一九八四年の会見[41]では次のように述べている。

日本の皇室は、長い歴史を通じて、政治を動かしてきた時期はきわめて短いのが特徴であり、外国にはない例ではないかと思っています。政治から離れた立場で国民の苦しみに心を寄せたという過去の天皇の話は、象徴という言葉で表わすのに最もふさわしいあり方ではないかと思っています。私も日本の皇室のあり方としては、そのようなものでありたいと思っています。

ここで明仁皇太子は、天皇制とは不執政の歴史であると説く。そうした天皇制に関する歴史を皇太子は学び、天皇と民衆との関係性を思考してきた。そして「象徴」という地位こそがそうした歴史的なあり方にふさわしいのではないかとも述べている。また、一九八六年に『読売新聞』の質問に寄せた回答書には、歴代の天皇についてより具体的に次のように記している[42]。

天皇が国民の象徴であるというあり方が、理想的だと思います。天皇は政治を動かす立場にはなく、伝統的に国民と苦楽をともにするという精神的立場に立っています。このことは、疫病の流行や飢饉に当たって、民生の安定を祈念する嵯峨天皇以来の天皇の写経の精神や、また、「朕、民の父母と為りて徳覆うこと能わず。甚だ自ら痛む」という後奈良天皇の写経の奥書などによっても表されていると思います。

このように、古代や中世の具体的な天皇について言及してその事績に触れ、それこそが「天皇が国民の象徴であるというあり方」に一致していると皇太子は強調した。そして、人々との関係性は「苦楽をともにする」ことだと述べた。ここに明仁皇太子による「象徴」の模索が一つの到達点に達したとも言える。「象徴」という文言は日本国憲法に規定されたものであり、歴史的な天皇のあり方として必ずしもその言葉で捉えられてきたわけでもない。にもかかわらず、明仁皇太子は「象徴」こそ天皇のあり方にふさわしい言葉であると考えた。それは、日本国憲法という近代的な法規定と歴史的概念の接合とも言える思考であった[43]。

こうした皇太子の姿勢に、次第にマスメディアでも期待の声が高まっていく。日本コンベンションサービス社長の近浪廣は、国際新聞発行者協会総会における皇太子の様子を記し、その姿勢を高く評価している[44]。近浪によれば、この時の皇太子は「いつもと違う」と感じた。「いつもの壇上の飾り雛のような雰囲気とはガラリちがった（ママ）生き生きとした活力、迫力が感じられた」という。そしてそこでの皇太子のスピーチも、「いつもの紋切り型の原稿の朗読ではなく、ご自分の言葉でご自分の考えを力強く主張されるスピーチだった」と近浪は述べ、彼はその感動を文章にしたのである。これは、前述した児玉隆也が指摘したような皇太子イメージから変化した姿である。おそらく近浪も、当初は児玉のような皇太子像を有していたのだろう。しかしこの総会でそれとは異なる皇太子の行動と言葉を見聞きして、その変化した思いをこの文章にしたと思われる。皇太子自身も次第に「象徴」を模索するなかで体系化しつつあり、それに基づいて行動するようになったが、一九七〇年代後半になると、それに触れた人々が彼を評価する方向へとシフトしていったのである。

一九七八年、日中平和友好条約の締結が目前となってくると、その後に皇太子夫妻の訪中が実施されるのではないかとの噂が浮上する[45]。それは、皇族が中国を訪問することで、戦争が終結することを意味すると考えられていたからであった。しかも、天皇ではなく皇太子なのは、皇太子がそれまで国際親善を積極的に担ってきたこと、戦争の記憶に触れてきたことを評価する前提があったからである。この噂が登場する背景には、明仁皇太子の「象徴」としての模索が人々に理解され、定着してきたからだと言える。

「共同通信」の宮内庁担当記者であった高橋紘は、この皇太子夫妻中国訪問問題に触れつつ、明仁皇太子による「象徴」の模索を紹介する記事[46]を執筆している。このなかで高橋は、これまでの皇太子夫妻の外国訪問は「殺人的スケジュール」で日程をこなしており、「何でも吸収し、できるだけ多くの人とあうことを〝わが道〟と考えている」としている[47]。ここで高橋は、人々との接触や関係性を重視する皇太子像を描き、それを人々に広めようとしていることがわかる。高橋はまた、皇太子の家庭的イメージへの批判にも言及する。皇太子夫妻の仲むつまじさこそ、現代の日本社会にふさわしいのではないかと指摘しつつ、それまでの宮中のしきたりを改革したからこそ家庭的だと主張する。つまり、家庭的イメージをあえて強調することで、皇太子の行動力や実行力、そして時代に即応した感覚力をも示したのである。家庭的イメージを批判的に捉える言説に対して、あえてそのイメージを強調することで、皇太子の能動性を浮き出たせようとしたとも言える。高橋は最後に、皇太子の思想と行動をうまく伝え切れていない宮内庁の問題に言及する。「象徴」となった天皇と人々との関係性を皇太子は模索し、彼なりの行動や言葉で示してきた。ところが、人気がないと言われる背景には、それを伝え切れていないのではないか、そうした見解を高橋は有していたのである。

この宮内庁のアピール不足という意見は、ジャーナリストの田原総一朗も提起している。田原は「宮内庁皇太子PR作戦の失敗」という文章[48]のなかで、皇太子の人物像を紹介しながら、彼への批判をまず紹介し、宮内庁が皇太子についてその実像を世間に訴えかけられていない状況を論じている。とはいえ、明仁皇太子とほぼ同年代である田原は、人々からは評判の悪い皇太子の発言を読み、彼の行動を見てみてもむしろ「皇太子の強い意志が感じられた」という。皇太子の人々への接し方や沖縄への態度は、これまでの天皇制を理想としている人々からすれば、その行動に威厳がない、毅然としていないと見えるかもしれない。しかし田原は、あえて皇太子がそうしているのではないかと見、皇太子に進講した学者の次のような発言を取りあげる。

評判をよくする、なんてことは簡単でしてね。周囲のいうままに動く、操り人形になればよいのですよ。しかし、皇太子は、それを頑固に拒否している。現在のような、右傾化の時代に、周囲のいうままになることは危険だ、絶対に利用されないぞ、と、そのことを皇太子は強く自覚して、がんばっているのですよ。

田原はむしろ、明仁皇太子が自身の考えを強く有しているからこそ、時流におもねず、自身の理想とする「象徴」としての姿を追求していると見た。そして、「皇太子の人気のなさは、民主主義教育で育った、彼の主体的な選択だということになるのだろうか」と述べてこの文章を結論づけた。田原は日本国憲法下で育った世代として、自己意識を強く有するからこその皇太子の行動であると評価したのである。その点で、高橋の意見とも軌を一にしているだろう。

一九八〇年代に入っても、皇太子への期待感を記した記事が相次いでいく。それは、明仁皇太子が四〇代後半から五〇代になり、日本社会をまさに牽引する世代（「民間会社なら、さだめし部課長としての業務の第一線に立ち」との文言[49]も見える）だったからだろう。老齢の昭和天皇からの交代が長くはない先だと見られていたことも大きい。次の「象徴」として、その人物像に人々の注目が集まっていたのである。それを伝える記事の多くは、これまで繰り返してきたように、皇太子はまじめな性格であることを説明し、彼が一生懸命に公務に取り組む姿を描き、人々と積極的に接する様子を取りあげた[50]。皇太子夫妻が生バンドを背にしてワルツを公式の場で踊る写真が公開され、やはりこれまでの天皇制とは異なる像として話題ともなった[51]。

こうした皇太子に大きな問題が直面する。皇太子夫妻韓国訪問問題である。一九八二年一一月に成立した中曽根康弘内閣は、「戦後政治の総決算」を掲げ、様々な政策を実行していく。アメリカとの軍事的関係の強化など、いわゆるタカ派的な姿勢を持っていたと捉えられる。一方で、一九八三年には中曽根首相が総理大臣として戦後初となる韓国訪問を実現し、全斗煥大統領と会談して、教科書問題などで軋轢が生じていた日韓関係の改善と強化を図った。翌年には全大統領が来日、昭和天皇がその時の宮中晩餐会で「両国の間に不幸な過去が存在したことはまことに遺憾」と発言し、話題となった[52]。一方、皇太子が「平和への希求が強いあまり、タカ派の中曽根内閣の誕生に不快の念を抱いている」との噂もあった[53]。明仁皇太子の戦争の記憶に触れる活動は知られつつあり、そうした姿勢と中曽根の思想とが相容れないと見られたのである。

そして一九八五年一一月、韓国の李奎浩新駐日大使が着任前のインタビューで、皇太子夫妻の韓国訪問を実現したいと発言し、大きな問題となった。朝鮮半島は南北で分断しており、政治的問題を抱えているために皇族が訪問することが妥当かどうか。また、訪問すればその時に「おことば」で過去の植民地支配に触れざるを得ないこと。そうした様々な問題を含み込むものに、皇族を巻き込んでよいのかという意見が噴出したのである[54]。そして、この皇太子夫妻訪韓問題が実は中曽根首相の強い意向で展開されようとしていると見られた[55]。中曽根首相と全斗煥大統領の間で、日韓関係を回復させ、「戦後政治の総決算」として植民地支配などの戦前日本の問題を清算するカードとして皇太子訪韓を使おうと考え、そのために大使が発言したと見られたのである。翌一九八六年一月一日の『朝日新聞』は一面トップで、「皇太子ご夫妻韓国へ」という見出しを掲げた記事を掲載、日本政府が秋の訪問を目標に検討していることが伝えられた[56]。とはいえ、宮内庁もそれを知らされておらず、全大統領の来日の見返りとしての訪韓ではないか（本来は天皇であるが、高齢のために皇太子）とも伝えられた[57]。そうして、日韓の政権の思惑のなかで、皇室が使われていくのではないかとの懸念が広まっていく。しかし、外務省も韓国側との折衝を進めるべく動きを見せ、政権主導の皇太子夫妻訪韓は実現するかに思われた。

ところが、三月になると美智子妃が子宮筋腫で手術をすることになり、静養が必要となった。そのため、韓国訪問は無期延期になったのである。このタイミングでの美智子妃の手術による訪韓延期によって、皇太子と中曽根首相の関係性が様々に噂されるようになる。「皇太子と臣・康弘の気がかりな『関係』」との見出しが掲げられた記事[58]では、明仁皇太子が「政治的に利用されたくない」という意思を持っており、訪韓を避けるために「美智子妃の入院、手術は〝絶好〟の理由となり得た」と提起される。歴史を学び戦争の記憶に向き合っていた皇太子は、本当は韓国を訪問したいという意思を持っていたが、中曽根首相に利用されるのは避けたかったと述べられ、美智子妃の仮病説まで紹介されるなど、彼らが意図して訪韓延期を狙ったかのように書かれた。

これが本当であるかが重要ではない。この皇太子夫妻訪韓問題から注目すべきは、第一に、皇太子が自らの意思を強く持っている存在だということが定着していた点である。言われるままに行動するのではなく、自身で考え、その行動の意味を常に意識していると見られていたからこそ、政権主導の訪韓に懸念を示し、そして無期延期に至る結末へと展開したとの記事が掲載されたのであろう。皇太子の強さが浮き彫りになっていると も言える。第二に、それに関連して、皇太子が戦争の記憶に向き合っているイメージも定着していたことである。一九六〇年代はむしろ外国訪問で皇太子夫妻がそうした問題に取り組んでも、マスメディアは大きく取りあげなかったことは前述したとおりである。しかし一九八〇年代になると、そうした皇太子像が定着し、だからこそ日韓両政権の思惑による訪韓には懸念を示したことが記事として書かれる。こうしたイメージが、平成に入ってからの慰霊の旅の原型になったのではないか。そして第三に、政権による強引とも言えるような訪韓への動きに対して、皇太子が抵抗する姿が描かれた点は重要だろう。中曽根首相はタカ派と見られていたが、そのカウンターとして皇太子という存在が対置されている。政権の「強行」[59]を阻止する存在として捉えられ、メディアはこれを歓迎する記事を掲載していた。これも、平成の日本国憲法の理念を守る天皇像へとつながっていくのではないか。皇太子としての最後期、平成に向けての胎動がすでに見えていたのである。

おわりに

以上、一九六〇年代から一九八〇年代までの皇太子の思考と行動、そしてそのイメージを検討してきた。ミッチー・ブームの最中そしてその後、皇太子は「象徴」としての模索を行いながら公務を行っていくが、そうした公務に関する記事はそれほど多くはなく、むしろマスメディアでは家庭的イメージに終始していた。それに対して好意的な反応はあったものの、ブームの時のような訴求力はなかった。むしろ、家庭的なイメージを有する皇太子に対して威厳を求める意見が出るなど、批判を伴っていた。皇太子自身、そうした人気の低下や批判を意識していたと思われる。一方で、一過性のブームに踊らされることなく、その後も人々との接触や外国訪問などの場面で、「象徴」としての模索をしていくことになる。

次第に体系化されてきた皇太子の「象徴」像は人々に認知されつつあったものの、ミッチー・ブームの時のような人気の回復までにはつながらなかった。一九七〇年代に「皇太子パ・リーグ」論が展開されたのは、皇太子の思考からその実力を認めつつも、どこかで彼に魅力を感じられないために人気のあがらない皇太子の存在があったからであろう。

ところが、一九八〇年代に入るとさらに変化が訪れる。もちろん、ミッチー・ブームの時のようには取りあげられてはいないが、皇太子をめぐる記事が増加する。それは、彼が真摯に公務をこなし、人々と触れあうことを描くものであった。家庭的なイメージも、むしろそれを自身が積極的に選択していることが示され、その強い信念が語られていく。そして、昭和天皇が高齢化していくなかで、次の「象徴」としての明仁皇太子の存在が注目され、期待感をもたれていくのである。中曽根内閣時には、後に「平成流」として評価されるような要素が皇太子を論じるなかで提起されていった。

こうした過程は、ミッチー・ブームで最高潮に達した人気がその後に低下するということを皇太子が体験したがゆえになされた模索であったと言えるのではないか。マスメディアなどから批判まで受けた彼は、「象徴」を模索していくことで、自身の存在意義を考えていく。そして、皇太子として長くいたことも彼の模索にとって大きな要素となった。「象徴」になるまでの期間が長かったことで、それへの助走期間も長期にわたり、逆に「象徴」を模索する機会も増えた。

この明仁皇太子のあゆみは、平成の時の徳仁皇太子とも似ているように思われる。民間出身でかつキャリアを有した雅子皇太子妃との結婚によって、皇室へ新しい風をもたらすと見られたものの、現実はそうはならなかった。いわゆる「人格否定発言」に代表されるように、徳仁皇太子も家庭的イメージを強く有していた。そしてそれは、批判の対象ともなり、廃太子が主張されることもあった。徳仁皇太子の人気はまさになかった。しかし、二〇一六年の「おことば」の後に明仁天皇の退位が決まったころから、徳仁皇太子に関する報道も増加し、その人となりが紹介され、評価されるようになる。まさに明仁皇太子の昭和のころと同じ現象である。では、徳仁天皇は令和の時期、どのような天皇像を展開していくことになるのだろうか。平成と同じようになるのだろうか。異なるのだろうか。今後を見つめる必要があるだろう。

1　「即位後朝見の儀の天皇陛下のおことば」https://www.kunaicho.go.jp/page/okotoba/detail/47#156（二〇二〇年一月三〇日閲覧）。

2　こうした研究史については、河西秀哉「近現代天皇研究の現在」（『歴史評論』第七五二号、二〇一二年）、同「象徴天皇制・天皇像研究のあゆみと課題」（河西秀哉編『戦後史のなかの象徴天皇制』二〇一三年、吉田書店）のなかで示した。

3　河西秀哉『天皇制と民主主義の昭和史』（人文書院、二〇一八年、原著は『「象徴天皇」の戦後史』講談社選書メチエ、二〇一〇年）、同『平成の天皇と戦後日本』（人文書院、二〇一九年、原著は『明仁天皇と戦後日本』洋泉社新書y、二〇一六年）。

4 森暢平「ミッチー・ブーム、その後」（河西秀哉編『戦後史のなかの象徴天皇制』吉田書店、二〇一三年、後に森暢平『近代皇室の社会史』吉川弘文館、二〇二〇年所収）。

5 前掲河西『平成の天皇と戦後日本』、瀬畑源「明仁天皇論」（吉田裕・瀬畑源・河西秀哉編『平成の天皇制とは何か』岩波書店、二〇一七年）、原武史『平成の終焉』（岩波新書、二〇一九年）。

6 「一九六〇年九月一九日記者会見」（薗部英一編『新天皇家の自画像』文春文庫、一九八九年）四三〜四四頁。本稿では新聞、雑誌記事からの引用に際し、注記の煩雑を避けるため一記事に一つの注記にまとめることにした。以下同じ。

7 前掲原『平成の終焉』七九〜八三頁。

8 前掲河西『平成の天皇と戦後日本』九一〜一〇九頁。

9 『朝日新聞』一九六〇年九月二四日夕刊。

10 「一九六二年一一月一日記者会見」（前掲薗部『新天皇家の自画像』）五三頁。

11 「一九六二年一月一九日記者会見」（前掲薗部『新天皇家の自画像』）五一頁。

12 吉田裕『日本人の戦争観』（岩波書店、一九九五年、後に岩波現代文庫、二〇〇五年）一一八〜一四九頁。

13 『婦人生活』第二三巻第一号、一九六九年、一七五〜一八一頁。

14 美智子妃と交流のあった作家の角田房子は、外遊における皇太子妃の「できるだけ意義のある旅行にしたいと思っております。それには、わたくしは何をいたせばよろしいのでしょうか。わたくしに、何ができますでしょうか」という言葉を紹介しつつ、二人で行っている公務も皇太子妃が悩み考えている姿を描き出している（「皇太子妃殿下と私」『潮』第一一七号、一九六九年）一六八〜一七七頁。

15 『婦人生活』第二三巻第一六号、一九六九年、一四九〜一五三頁。

16 前掲森「ミッチー・ブーム、その後」三〇六〜三〇九頁。

17 「一九六九年八月一二日記者会見」（前掲薗部『新天皇家の自画像』七〇〜七一頁）。

18 後藤致人『内奏』（中公新書、二〇一〇年）一四九〜一六〇頁。

19 「皇太子ご夫妻〝10年目発言〟」（『週刊読売』一九六九年八月二九日号、一二九頁、『読売新聞』の伊藤一男記者による）。

20　河西秀哉「戦後天皇制と天皇」（歴史学研究会編・加藤陽子責任編集『天皇はいかに受け継がれたか』績文堂出版、二〇一八年）二二八〜二二九頁。
21　『週刊現代』一九七一年三月一八日号、四六〜五〇頁。
22　『週刊現代』一九七一年一一月二五日号、三六〜四〇頁。
23　前掲『週刊現代』一九七一年三月一八日号、五〇頁。ここで藤島は、国民体育大会のおり、皇太子と美智子妃が手を取り合ってスケートをしている写真が公表されたことを述べている。
24　「〝皇太子殿下、口髭を〟の提言にこの賛否両論」（『週刊ポスト』一九七一年四月一六日号）四二〜四五頁。
25　『週刊文春』一九七二年一月三日号、一六八〜一七一頁。
26　たとえば、「皇太子殿下が側近にもらした天皇制の問題点」（『週刊現代』一九七四年四月一八日号、一六二〜一六五頁）など。一方で、『サンデー毎日』は一九七四年七月一四日号で特集を組み、「『お言葉』も自作　全力投球の皇太子さま」という記事（四二〜四五頁）で肯定的評価を、藤島による「やがて天皇になられる皇太子さんへの直言」（四六〜四七頁）という文章で批判的評価を、「われら日本人の内なる天皇制」（四八〜五一頁）でそうしたものとは異なる天皇制に対する見方を示す記事を掲載している。
27　「一九七二年八月一〇日記者会見」（前掲薗部『新天皇家の自画像』）八一頁。
28　たとえば、『サンデー毎日』一九七六年一月一一日号は「皇太子白書」という特集を組み、「ことしの人皇太子白書　まだだれも書かなかった意外な部分」（三八〜四四頁）という記事では明仁皇太子に対する様々な意見を紹介しつつ、その人となりについて説明をしている。また、「森敦も乗り出した〝皇太子秘話〟」という記事（四五〜四九頁）では小説家の森、藤島泰輔、評論家の加瀬英明の座談会を掲載、やはりその人物像や皇太子に対する考え方をそれぞれが論じている。
29　児玉隆也「皇太子への憂鬱」（『現代』一九七三年九月号、後に児玉隆也『この三十年の日本人』新潮文庫、一九八三年に収録）。
30　『週刊新潮』一九七五年一月二三日号、二八〜三二頁。
31　『週刊文春』一九七五年一〇月九日号、三四〜四〇頁。
32　『文藝春秋』第五四巻第一号、一九七六年、三一四〜三三八頁。

33 『朝日新聞』一九七五年五月二三日・七月八日など。
34 『朝日新聞』一九七五年七月一八日。
35 「一九七五年八月二六日記者会見」（前掲薗部『新天皇家の自画像』）一〇四～一〇八頁。
36 「一九七五年一二月一六日記者会見」（前掲薗部『新天皇家の自画像』）一〇九～一一三頁。
37 「皇太子明仁殿下、四十二歳！」（『現代』第一〇巻第一号、一九七六年）五八～八五頁。
38 『毎日新聞』一九七六年七月二七日。
39 『現代』第一一巻第九号、一九七七年、一一六～一二五頁。
40 「一九七七年一二月一九日記者会見」（前掲薗部『新天皇家の自画像』）一二七～一四二頁。
41 「一九八四年四月六日記者会見」（前掲薗部『新天皇家の自画像』）三六四～三七六頁。
42 『読売新聞』一九八六年五月二六日。
43 前掲瀬畑「明仁天皇論」一二～一七頁。
44 「皇太子と言論の自由」（『文藝春秋』第五五巻第一二号、一九七七年）八八～九〇頁。
45 たとえば、「〝皇太子殿下訪中〟をめぐる黛敏郎・岡本隆三氏らの侃侃諤諤」（『週刊現代』一九七八年九月二八日号）一六六～一六七頁など。
46 「皇太子ご夫妻が中国を訪問するとき」（『現代』第一二巻第九号、一九七八年）一〇四～一一三頁。
47 皇太子による「皇室外交」への期待感は、本人による綿密な準備や取り組みに起因する相手国への影響から、政財界のなかにもあったようである（「皇太子―皇室資源外交に集まる政財界の期待」『現代』第一五巻第二号、一九八一年、四七～四八頁）。
48 『週刊文春』一九七九年九月二七日号、一五四～一六〇頁。
49 「熟年皇太子の〝挑戦〟に拍手する人・顔をしかめる人」（『週刊現代』一九八二年三月六日号）一八〇～一八三頁。はっきりと、「近づくXデー」と書くメディアもあった（「近づくXデーを前に　皇太子殿下『即位』の難問」『週刊新潮』一九八四年一二月六日号、四〇～四五頁）。

50 たとえば、皇室ジャーナリストの河原敏明による「〝熟年〟皇太子殿下の新帝王学と異色ブレーンを明かす」（『週刊現代』一九八四年一月二一日号、二八～三二頁）など。一方で、ノンフィクション作家の猪瀬直樹は、皇太子がミッチー・ブームなどで手に入れた新生活様式は、戦後民主主義的な理想のライフスタイルではあったが、高度経済成長後の現在にあってはすでに「埋没してしまった」と述べる（「『皇太子・明仁殿下の50年』を考える」『週刊ポスト』一九八四年一月二〇日号）一九四～一九七頁。

51 「美智子妃殿下とのワルツで議論を呼ぶ皇太子殿下のニュー皇室」（『週刊文春』一九八五年一二月一二日号）一八〇～一八三頁。

52 『朝日新聞』一九八四年九月七日、服部龍二『外交ドキュメント　歴史認識』（岩波新書、二〇一五年）三八～四二頁。

53 「『皇太子が中曽根政治に危惧』」というレポートの『皇室事情』」（『週刊新潮』一九八五年一月二六日号）四六～五〇頁。これはもともと、宅配制で一般の人の目にはあまり触れられない『選択』という雑誌に載せられた記事で、それを『週刊新潮』が紹介する形で世間に知らしめたものである。

54 「新任・李大使の『皇太子殿下訪韓要請』が盛り上がらぬ口に出しにくい理由」（『週刊文春』一九八五年一一月二一日号）三〇～三三頁。

55 牧太郎『中曽根政権・一八〇六日』〈下〉（行研出版局、一九八八年）九九頁。全斗煥大統領訪日の見返りとして天皇やその名代である皇太子の訪韓を韓国が求めていたことは、木村幹「希望に満ちた始まり」（木村幹・田中悟・金容民編『平成時代の日韓関係』ミネルヴァ書房、二〇二〇年）一九～二六頁を参照。

56 『朝日新聞』一九八六年一月一日。

57 「あり得ぬ元旦ニュース　皇太子ご夫妻の『韓国訪問』」（『週刊新潮』一九八六年一月一六日号）一四〇～一四三頁。韓国国内のなかでも、皇太子夫妻の韓国訪問に反対する動きはあった。野党新民党の金泳三や金大中は、全斗煥政権の継続のために皇太子夫妻訪韓が利用される可能性があると見て反対した（『日本経済新聞』一九八六年三月一八日など）。韓国与野党の主導権争いに皇太子夫妻訪韓が巻き込まれるのではないかという報道は、日本でもなされていた。

58 『サンデー毎日』一九八六年四月二七日、一六～一九頁。

59　「『皇太子訪韓』強行演出者の計算外だった『美智子妃の手術』」（『週刊新潮』一九八六年三月二七日号）三二〜三六頁。

第五章　立憲君主制と象徴天皇制

―イギリス君主制からの影響を考える―

君塚直隆

はじめに

二一世紀の今日（こんにち）、日本の国家形態はどのようなものであろうか。「立憲民主制」であると答えるものも相当数いるようである。しかし国家形態を区分する場合には、「君主制か共和制か」という分け方を行うのが通常である。これに即して考えてみれば、現在の日本の国家形態は明らかに民主政治（デモクラシー）に基づいた「立憲君主制」であるといえよう。

それでは、なぜ冒頭に示したような「立憲民主制」という言葉が出てくるのだろうか。それは国民のすべてが平等という建前の民主主義の理念に合致する国家形態は、世襲の君主を国家元首にいただく君主制ではなく、国民投票（もしくは選挙で選ばれた国会議員の投票）に基づく大統領を国家元首にいただく共和制であるとの考えが強いからだろう。

しかし、君主制か共和制かという国家形態と、専制主義的か民主主義的かという統治形態とは、必ずしも合致はしない。日本の憲法学界を牽引（けんいん）した宮沢俊義は次のように語る。「ヒトラァ時代のドイツは、共和制であった。ムッソリニ時代のイタリヤは、君主制であった。しかし、ひとしく君主制だからといって、イギリスとファッショ・イタリヤとを一方におき、ひとしく共和制だからといって、アメリカ合衆国とナチ・ドイツとを他方において、両者を対立させ、比較してみることに、意味のないことは、明らかである」[1]。

さらに現在の世界を見渡してみると、「民主政治と君主制の両立」が一般的に見られる。政治学者の水島治郎が鋭く指摘するように、ヨーロッパ各国で君主制が存続した国では、「王室が民主主義、自由主義といった近代的諸価値を積極的に受け入れ、時にその擁護者として振る舞うことで、国民の支持調達に成功していった」と考えられるのである[2]。

第二次世界大戦終結後に制定された「日本国憲法」では、その第一条で天皇は「日本国の象徴であり日本国民統合の象徴」と規定されていることは周知の事実である。しかし、この「象徴」という言葉の由来や定義が曖昧であったこともあり、「象徴天皇制」は君主制ではないという考え方が、憲法制定時から今日に至るまで見られるのかもしれない。

憲法制定の過程をよく知る英米法研究の第一人者だった高柳賢三は、日本国憲法の原案起草者は戦後の日本をイギリスと同じ「立憲君主国」とし、その元首を天皇と考えただけではなく、「世界各国の政府もこのような解釈の下に行動している」と述べている。戦後の日本では旧ドイツ解釈法学の条文中心主義がいまだ幅を利かせていたこともあり、この「象徴」と「元首」とを分けて考えるものも多かったが、高柳に言わせればそれは「英文をドイツ文法で解釈するための誤った解釈」だったと考えられる[3]。

高柳の言説どおり、現在の日本は「議会制に基づく立憲君主制（parliamentary constitutional monarchy）」を国家形態として採ると見られており[4]、天皇は各国から「国家元首」扱いで接遇されている。その「立憲君主制の一形態としての象徴天皇制」のあり方を決定づけていくひとつの規範（モデル）となったのが、近現代におけるイギリスの君主制であったと考えられる。本章では、まず憲法に規定された「象徴」の語源にすでにイギリス立憲君主制の影響が見られることから説き起こし、実際に象徴天皇として在位することとなった、昭和天皇（在位一九二六〜八九年）と明仁天皇（在位一九八九〜二〇一九年）の双方が、イギリス流の立憲君主のあり方を理想像のひとつとして考えていた状況を明らかにしていく。

一．イギリス君主制と「象徴」の由来

「わたくしは、貴族院議員として初めて帝国憲法改正案のテキストを読んだとき、これは天皇の性格をイギリス国王に近い立憲君主にかえるように意図したのだなと理解し」たとは、前出の高柳賢三の言葉である。さ

らに高柳は、イギリスの国制史を心得ているものであれば、「象徴（シンボル）」という文字が元首の属性として、抽象的な国家ないし国民をその目に見える元首によって表示する意味にも、また国民の結合を元首によって表示する意味でも使われてきたことを熟知しているはずだとも指摘している[5]。

日本国憲法の第一条に登場する「象徴」という言葉の語源については、これまでいくつもの研究成果が出されてきている。日本史家の中村政則は、①米国、②英国、③日本の三つのサイドから検証しているが、特に彼が注目したのは日米開戦時まで駐日大使を務めたアメリカの外交官ジョセフ・グルー（Joseph Clark Grew）の存在である。グルーはすでに戦中期から天皇を「象徴」と呼んでおり、終戦後の日本の占領政策を担った最高司令官ダグラス・マッカーサー（Douglas MacArthur）にも影響を与えていた。さらにマッカーサー付きの軍事秘書官を務めたボナー・フェラーズ陸軍准将（Bonner Fellers）も、占領が始まったばかりの一九四五年一〇月二日の時点で、「天皇は祖先の美徳を伝える民族の生ける象徴（the living symbol of the race）」さらに「象徴的元首（the symbolic head of the state）」という言葉をマッカーサーに提出した文書のなかで使っている[6]。

中村によれば、フェラーズはグルーから影響を受けており、この二人の日本人観・天皇観がマッカーサー司令部の決定を左右したことは充分にあり得る。そしてこの二人の天皇観の基となったのは、イギリスの思想家ウォルター・バジョット（Walter Bagehot）の『イギリス憲政論（*The English Constitution*：一八六七年）』だったのではないかと、中村は推測している。

一九世紀半ばを代表するバジョットのこの著作によれば、国民は党派を作って対立しているが君主はそれを超越しており、それゆえ相争う党派を融合させることができ、教養が不足しているためにまだ象徴を必要とする者に対しては、「目に見える統合の象徴（visible symbol of unity）」となることができるというのである[7]。

中村の調査では、グルーが戦中にアメリカ国内で行った演説の節々に、このバジョットの著作からの影響が読みとれるようである。さらに『イギリス憲政論』の第四版（一九二八年刊）には、かつて首相などを務めたイギリスの政治家アーサー・バルフォア（Arthur James Balfour）が「序文」を寄せており、そのなかに「祖国の統合と連続性の象徴（symbolic of his country's unity and continuity）」や「国王はその皇統と職務により、わが国民の歴史の生きた代表である（Our King, in virtue of his descent and of his office, is the living representative of our national history）」といった言葉が見られ、中村はこのなかにグルーやフェラーズの天皇観の源泉を見いだしている[8]。

この中村の研究は、精緻にして実証的であるのだが、実際にＧＨＱ（連合国軍最高司令官総司令部）民政局で「天皇・条約・授権規定に関する小規定委員会」に属し、「象徴」という言葉を編み出した人物たちにまでは接触できなかった。具体的には、陸軍中尉ジョージ・ネルソン（George Nelson）と海軍少尉リチャード・プール（Richard Poole）の二人が、イギリスをはじめヨーロッパ各国の君主制を徹底的に研究し、「象徴」という文言の形成に尽力していた。

憲法学者の西修は、一九八〇年代半ばにこの二人へのインタビューに成功し、そのなかで「象徴」という言葉を考案したネルソンが「国王の地位は、〝儀礼的〟という意味で、〝象徴〟（symbol）という語句が使われていたことを思いだし」、バジョットの『イギリス憲政論』の影響を受けて会議で発言したとの言質を取ったのである。ネルソンは続けてこうも述べている。「とにかく、日本の皇室が生き残るためには、英国のような皇室にすることが不可欠でした」[9]。

同じく西が行ったインタビューのなかでは、もう一人のプールは「象徴」という言葉の考案や由来については特に発言していなかったが、ジャーナリストの鈴木昭典がプールに行ったインタビューでは、「王冠（クラウン）は英連邦構成国の自由な連合の象徴であり、構成国は王冠に対する共通の忠誠によって統合されている」と規定された、「ウェストミンスター憲章（一九三一年）」の「前文」に出てくる「象徴」からとったとプールは答えている[10]。

ウェストミンスター憲章（Statute of Westminster）とは、第一次世界大戦時にカナダやオーストラリアなど自治領諸国から人的・物的に多大な支援を受けたイギリスが、これら自治領と対等の関係で結ばれ、提携関係を継続していくことを宣言したものである[11]。

日本国憲法の制定過程で首相を務めた幣原喜重郎も、のちに記した回顧録のなかで「象徴」という言葉は、このウェストミンスター憲章のなかに国王は英連邦（コモンウェルス）すなわちカナダ、オーストラリアや南アフリカなどの国の主権の象徴（シンボル）であると書いてあり、「そこから得たヒントであった」と記している[12]。

憲法学者の下條芳明もこの幣原の見解を紹介しつつ、「象徴」という言葉の由来として、上記のネルソンとプールの言葉も併記して論じている[13]。ただし、管見の限り、幣原がそもそも「象徴」という言葉を編み出したという記録や文書は残っておらず、この言葉が憲法に盛り込まれるにあたっても、幣原がこれに直接関わっていた証拠も見あたらない。

むしろ、本章にもたびたび登場する高柳賢三が指摘するように、「統合の象徴」という思想はウェストミンスター憲章で初めて使われたわけではなく、「古く一八六七年に公刊された古典的なバジオットの憲法論中」の「目に見える統合の象徴」のなかですでに使われており、古くから元首に関するイギリス国制の慣用語となっている。すなわちウェストミンスター憲章は、「この慣用的文字を英コモンウェルスの統合につかったにすぎぬのである」と高柳は断じている[14]。

なお、前出の下條は、「象徴」という言葉の由来として、こうしたイギリスやアメリカのルートとともに、戦前期の日本にすでに天皇を「国民統合の象徴」ととらえる天皇観があったと指摘している。それが新渡戸稲造が、ウェストミンスター憲章の制定と同じ一九三一年にアメリカで出版した、*Japan - Some Phases of her Problems and Development*（『日本―その問題と発展の諸局面』）のなかに見られる。

新渡戸は、日本の「政府と政治」を論じた第四章のなかで、「国体」について説明し、「こうして天皇は、国民の代表であり、国民統合の象徴である（The Emperor is thus the representative of the nation and the symbol of its unity)。こうして人々を統治と服従において統一している絆の真の性質は、第一には、神話的血縁関係であり、第二には道徳的紐帯であり、第三には法的義務である」と述べている[15]。

新渡戸研究の第一人者で、この英書を和訳した佐藤全弘は新渡戸のこの英書をＧＨＱの民政局担当者も目を通したに相違ないと論じているが[16]、先に紹介した西修や鈴木昭典によるインタビューにもそのような記述は見あたらず、ネルソンやプール、あるいは彼らの上司たちが新渡戸の見解を参考にしたと断ずることは難しい。やはり中村政則の研究や、西修のインタビューなどをもとに検証すれば、ＧＨＱで実際に「象徴」という言葉を選定し、これを決定した当事者たち（ネルソン、プールと民政局での上司たちやマッカーサー）の見解の背景には、バジョットの『イギリス憲政論』で説かれていたイギリス立憲君主制のあり方が「理想像」としてあったのではないか。

さらに中村も指摘するとおり、その第四版に「序文」を寄せたバルフォアの見解も注目に値するといってよい。バルフォアは、バジョットの『イギリス憲政論』が君主制や議会制、内閣制などを説いた当代随一の著作であることはもちろん認めたうえで、バジョット（一八二六〜一八七七）没後の一九世紀末から二〇世紀前半にかけて新たに現出した事象において、バジョットでさえ予見できなかった事例として、「帝国のなかにおける君主の役割」について論じているのである。少し長くなるが引用してみよう。

> 国王は一党派の指導者でもなく、一階級の指導者でもない。一国民の元首である―実は、多数の国民の元首である。彼は万人の王である。このことばによって私は彼が大英帝国の支配者であるというよりも、むしろ、その帝国のあらゆる部分の共同所有物であるという意味をもたせるのである。彼はこの帝国が構成されている種々雑多の社会、その位の上下を問わず、これらのすべてを結ぶ運命を予定された一つの紐帯である。自律的民主国家（その中に大英帝国も含まれ、且つそれはそれらすべての国家の母体で

ある）は各自、王を自分たちの国家構造上の首部に当たるものと見ている。なおこのほかに、世界に分散している各領地の様々の民族（その幸福のために大英帝国は数代にわたって、自ら責任をとる挙に出た）の長でもある。

これらの事実は勿論バジョットの予想しなかった発展であり、現に今でも、世界の全般からは認知されていない事実である。これらの発展を見たならば、国王に対するバジョットの見方も大いに変化したことと思われる。彼も恐らく、これを昔のある時代の尊厳的な古色蒼然たる一遺物であり、自由を脅かすような大権の全部をもぎとられ、無智な国民の想像力に無造作に訴えるゆえに主として価値をもつものとは見なかったであろう。むしろ帝国の地固めの上にどれだけ大きな役割を演ずる運命をもつものであるかを知ったであろう、と私は信ずる。[17]

バジョットの見解では、近代イギリスにおいて立憲君主の義務が立派に果たされたのは、ヴィクトリア女王（Queen Victoria, 在位一八三七～一九〇一年）の治世だけであり、このの ち立派な立憲君主が世襲的に続出するとは期待できないし、その大権がますます弱体化する今日においては、立憲君主は「ゆりかごから墓場までの人生の平凡なコースを、とぼとぼと歩く地味な凡人ということになる」と考えられた[18]。

しかし、バジョットが亡くなった年（一八七七年）に史上初めて統一された単一の国家として登場した「インド帝国」をはじめ、七つの海を支配する大英帝国にとって、君主はもはやその紐帯となりつつあったのである。

ヴィクトリア女王が崩御（ほうぎょ）した直後の一九〇一年二月六日に、当時第一大蔵卿として庶民院（下院）における首相の役割を担っていたバルフォアは、国王に即位したばかりのエドワード七世（Edward VII, 在位一九〇一～一〇年）に、皇太子ジョージ（のちのジョージ五世）夫妻のオセアニア訪問を促す進言を行っていた。

この年の一月一日に自治領となったオーストラリアへのジョージ夫妻の訪問は以前から決まっていたのが、

母王の突然の崩御でエドワード七世が逡巡していたのである。そこでバルフォアは次のような書簡を送って国王の説得に努めた。

国王はもはやグレートブリテンとアイルランドの富と安全に寄与するわずかな者たちにとっての王ではないのです。王は今や、この地球の半分に散らばっている自由な人々からなる帝国という単一の共同体を結びつける最も偉大な国制上の紐帯なのです。このような帝国を形成する愛国的な感情はすべてその中央に位置する王に向けられているのです。そして海を隔てたわれらの同胞たちに向けられる王の人格は、君主制と帝国にとって大いなる利益となるでしょう。［中略］その市民たちは、イギリスの大臣や政党政治のことなど知らないでしょうし、ほとんど気にも留めないでしょう。しかし彼らは、自らが構成する帝国とそれを支配する君主についてはよく知っているのであります。[19]

この説得に動かされ、国王は皇太子のオーストラリア訪問を予定通り行わせることにした。それからちょうど四半世紀後の一九二六年一〇月、ロンドンで自治領各国の首脳たちが集まる帝国会議が開催され、イギリスと自治領の地位および相互の関係が以下のように定義された。「それらは、イギリス帝国内の自治権のある諸共同体であり、王冠への共通の忠誠（common allegiance to the Crown）で結ばれ、英連邦（British Commonwealth of Nations）の一員として自由に連合しているが、地位に関して平等で、それらの国内または対外問題のあらゆる側面でいかなる意味でも他に従属しない」[20]。

この文言をとりまとめたのが、当時の枢密院議長バルフォアであり、それは「バルフォア報告書」と名づけられた。彼が『イギリス憲政論』への序文を脱稿したのは、これより一年後の一九二七年一一月のことである。さらに彼が亡くなった（一九三〇年三月）一年九ヵ月後に、この「バルフォア報告書」に法的効力を与えたものが「ウェストミンスター憲章」だったのである。バジョットが理論で述べた名言の数々を、実践の立場から補充し、さらに見事に完結させたのがバルフォアの「序文」だったのかもしれない。それは一九二八年の刊行とともに、グルーやフェラーズ、さらにはのちにネルソンやプールによっても読まれていったのかもしれない。

日本史家の茶谷誠一が指摘するとおり、GHQによって提示された新たな天皇制の形態は、国法学的にみれば極めて曖昧であり、解釈によってはイギリス流の立憲君主制のような運用を行っていくことも可能であり、新憲法施行後に初めての「象徴天皇」となった昭和天皇が国政関与への意欲を持ち続け、時として積極的な行動をとることになるのも、象徴天皇制の国法学上の規定が曖昧であったことに起因していたのである[21]。

昭和天皇自身も、一九四六年二月に幣原首相から「象徴」という言葉を上奏されたとき、「先方がそういうなら認めてもよいではないか。第一条はイギリスのように〝象徴〟と変えて良いではないか。[中略]イギリス式に〝国家の象徴〟となり、政治を民に委ねてもよいと思う」と述べたとされる[22]。実は昭和天皇は、戦前からすでにイギリス流の立憲君主制を理想として掲げていた節がある。その最大の要因となったのが、皇太子時代の彼が実際にイギリスを訪問し、肌で触れた「本場の」立憲君主制の実態だったのである。

二．ジョージ五世と皇太子ヒロヒト

「それはなんといってもイギリスの王室を訪問したことでありまして、そのイギリスの王室はちょうど私の年頃の前後の人が多くって、じつに私の第二の家族ともいうべきような状況であったせいもあって、イギリスのキング・ジョージ五世が、ご親切に私に話をした。その題目は、いわゆるイギリスの立憲政治のありかたというものについてであった。その伺ったことが、そのとき以来、ずっと私の頭にあり、つねに立憲君主制の君主はどうなくちゃならないかを終始考えていたのであります」[23]。

これは一九七九（昭和五四）年の記者会見で、昭和天皇がこれより半世紀以上前にヨーロッパを訪問した折、記者たちから特に印象に残っていることについて質問を受けた際に答えた発言である。皇太子時代の裕仁がイギリスをはじめヨーロッパ五ヵ国を歴訪したのは、一九二一（大正一〇）年の春から夏にかけてであった。訪英後には、フランス、ベルギー、オランダ、イタリアの各国を訪問し、特にフランスでは第一次大戦時の西部戦線の戦場跡を視察し、戦争の悲惨さを胸に刻んだにもかかわらず、それでも裕仁の印象に最も強く残っていたのはイギリス王室から受けた接遇にあったようだ[24]。

一九二一年五月九日に、裕仁皇太子一行はロンドンに到着した。ここで一行を歓待したのが時の国王ジョージ五世（George V, 在位一九一〇～三六年）である。裕仁はバッキンガム宮殿に宿泊し、宮中晩餐会などでもてなされるとともに、イギリス各地を訪問した。そのなかに組み込まれたのが、ケンブリッジ大学での「英国皇帝ト其ノ臣民トノ関係」と題する講演の聴講である。講演者は同大学で長年国制史を講じてきたジョゼフ・タナー博士（Joseph Robson Tanner）。実はタナーを裕仁に紹介したのは、ほかならぬ国王自身であった。

ジョージ五世は、祖母であるヴィクトリア女王存命中に年子の兄エディが急逝し（一八九二年一月）、突如として父に次ぐ王位継承者第二位に浮上した。将来王位を継ぐものとしての自覚が現れたその二年後から、ジョージはイギリスの国制について本格的に勉強を開始した。そのときに補導役を務めてくれたのがタナー博士であり、テキストとして彼と一緒に精読したのがバジョットの『イギリス憲政論』であった。

几帳面なジョージは詳細な講義ノートを記録しているが、「君主制」に関する彼のメモには、バジョットが残した金言が一字一句記されている。とりわけイギリスのような立憲君主が有する三つの権利として、大臣との対話で「諮問に対し意見を述べる権利」「奨励する権利」「警告する権利」が挙げられている点、さらには「賢明な君主なら、長い治世の間に経験を積み」「これに太刀打ちできるのは、少数の大臣だけ」という部分に注目していたようであり、最後にこうしめくくっている。「君主は諸政党から離れており、それゆえ彼の助言がきちんと受け入れられるだけの公正な立場を保証してくれている。君主はこの国で政治的な経験を長く保てる唯一の政治家なのである」[25]。

実際にジョージは、このときに学んだことを自らが即位した後に実践して見せた。即位後早々に巻き込まれた、議会法案（貴族院の権限を大幅に縮小する法案）をめぐる与野党（および貴族院×庶民院）の対立を、公正中立の立場から調整し、危機を乗り越えたのも、新国王が与野党いずれにも肩入れせず、指導者たちに助言を与えた結果であった[26]。

訪英から半世紀後の昭和天皇による記者会見での感想にもあるとおり、裕仁はジョージ自身の子どもたちとも年齢が近く、国王も「我が子」のように接したかったのだろう。彼が裕仁と初めて会った日の印象は「彼はまだ二〇歳で大変な好青年なのだが、自国の言葉しか話さない」というものであったが[27]、言葉は通じなくても、同じく君主として生まれた定めにあるこの東洋からやってきた「好青年」に立憲君主の極意を伝授したいという気持ちがあったとも想像できよう。そこで自身が若き日に共に学んだ、当代随一の国制史の専門家タナーに紹介し、イギリス君主制の歴史と現状について話させたのであろう。

ただし講演当日は裕仁の予定も詰まっており、タナーは概要だけ説明し、進講案は奉呈されることとなった。それが今日でも宮内公文書館所蔵の「皇太子殿下海外御巡遊記」のなかに残されている。それは日本語文にも訳され、その日本語版には帰国後に裕仁自身が付けたのではないかと思われる赤ペンの跡もしっかりと残されているのだ。

特に注意すべき赤ペン付きの箇所は以下のとおりである。近代イギリスにおいては日々の政策について責任を負わなくなったものの、それは君主がもはや国務に何らの勢力をもふるわなくなったことまで意味しない。こうした点はヴィクトリア女王の治世によく現れている。女王は「皇室ヲ超政黨ノ地位ニ置カセラレ、而シテソハ、政治ニ關シテ何等所見ヲ發表スベキデナイト云フ傳統ヲ御確立ニ爲リマシタ」[28]。

とはいえ、君主の国務上における勢力はいつでも大きなものであり、「政府ノ政策ガ一度ビ確定セラレマシテ、世論ノ前ニ現ハレ出マシタ時ハ、ソレハ國務大臣ノ政策デアッタト致シマシテモ、皇帝ハ憲法上、之ニ關シテ豫メ、十二分ノ報告ヲ受ケサセ給フ御資格ガアリ、而シテ、屢々、此ノ政策ノ定メラレツツアル間ニ、之ニ影響ヲオ及ボシニ爲ルコトガオ出来ニ爲ツタノデアリマス」。特に、ヨーロッパ中に親戚を張り巡らしていた女王は、政府以外からも多くの情報を得ており、晩年にはその豊富な知識と経験により特に外交政策について大臣に適切な助言を行い、「女皇帝ノ御見解ハ、何時モ重視セラレナケレバナラナカッタ」とも述べられている[29]。

さらに、政党間の対立から超越しているため、「統治権ヲ主體トシテノ皇帝ハ、政治上何等私利ノ目的ヲ有セラルルコトナク、而シテ、緩和調節ノ勢力トシテ行動セラレ、叉見解ノ相違ヲ圓滑ニ到サレマシタリ、政治的ニ互ニ相同情セザル人々ノ間ニ其ノ仕事上ノ互譲ヲ交渉セラレマシタリ、叉上下兩院ノ間ニ確執ガ勃發致シマシタ時ニ和睦ノ條件ヲ取極メラレ等サレマス爲ニ、［中略］殆ンド買被ルコトハナイ程ノ重要サノ役割ヲ演ゼラルルノデ御座イマス」[30]。

そして結論部でタナーは、『英国膨張史』（一八八三年刊）で有名な歴史家のシーリー（Sir John Seeley）の言葉を引用し、次のようにしめくくる。「大英帝國ニ於キマシテハ、皇帝ハ、帝國ノ自治領間ヲ緊結スル目ニ見ユル鏈環デアリ、又英國諸民統一ノ生ケル體現デ御座イマス（the Crown is the visible link between the communities of which it is compacted, and the living embodiment of the unity of the English people）」[31]。

以上のタナー博士による進講案のなかにも、彼が若き日のジョージ五世とともに学んだバジョットの『イギリス憲政論』の神髄がかいま見られると同時に、そのバジョットでさえ見通すことができなかった「帝国の紐帯」としての君主の存在が強調されていよう。

特に注目されるのが、近代イギリス立憲君主制を確立したとバジョットもタナーも認めているヴィクトリア女王でさえ、政府の政策にいちいち細かく介入はしないし、閣内が一致しているのであればこれに正面から反対することはないが、事前に大臣たちから相談を受け、場合によってはそれに自らの経験や知識をいかした助言、さらには警告を行う権利を有していたと理解され、さらにはそれを実践していた事実であろう。

帰国後にタナーの進講案を細かく読み、さらには彼を「慈父のように」温かく迎えてくれたジョージ五世が君主として時に能動的に政治に関与する姿を見て、即位後の昭和天皇が自らの「立憲君主像」を形成していったとしてもなんら不思議はあるまい。ただしそれが当時の日本の政治の現状からすれば「非立憲的行動」と映るようなこともあった。

一九二六年一二月に裕仁は天皇に即位する。二五歳の若き天皇を補佐する筆頭は、前年から内大臣に就いていた牧野伸顕であった。ところが二人は、即位早々で「力みすぎて」いたためか、当時の天皇としては能動的に動きすぎてしまう。翌二七（昭和二）年、立憲政友会の田中義一政権は発足直後に全国の知事などの大量異動を行ったが、これが党利党略に基づくものとして、天皇は牧野を通じて注意させている。両者の関係が最悪となるのが、張作霖（ちょうさくりん）爆殺事件（一九二八年六月）に関わる有名な「田中首相問責」であろう。事件発生当初は首謀者を厳重に処分すると約束していた田中首相が、その後の情勢でこれを抑えた際に、裕仁はあまりにも潔癖にこれに対処してしまったのである。

また、本来は天皇と首相との間を巧みに取り持つべき牧野内大臣も、いまだ権力基盤の脆弱な天皇の現状をしっかりと把握せずに、それまでの田中政権に対する不信感も鬱積していたのであろう。この天皇の動きに加勢するかのような行動に出てしまった。日本史家の伊藤之雄が鋭く指摘しているとおり、彼らには牧野の父の大久保利通や裕仁の祖父明治天皇の時代の天皇の行動を理想化するような傾向が見られる反面、彼ら自身には明治天皇、大久保や伊藤博文のような政治的熟達はまだ定着していなかったのであろう[32]。

君主に即位してまだ日が浅いうちは、のちにいかに英明な王といわれる人物であっても過ちは犯しやすい。

バジョットやタナーが絶賛したヴィクトリア女王も、一八歳で即位した二年後に宮廷人事をめぐる対立によって結果的に政権交替を阻止した、「寝室女官事件」を引き起こしたことなどは代表的な事例であろう[33]。しかしそれも経験豊かな側近たちによって適切な助言を受けていれば、防止することも、緩和することも可能である。先に伊藤之雄の見解を引いたとおり、即位当初の昭和天皇と彼の最大の側近である牧野内大臣は、彼らの理想像としての明治天皇とその側近（大久保・伊藤ら）による政治運営のあり方をある意味では誤解していたのであり、また当時は両者ともに政治的成熟も見られなかった。さらに同時代的には、政治史家の村井良太も述べるとおり、ジョージ五世が示した非常時における政治的主導権が理想像となっていたのかもしれない[34]。

また、一九三六年の「二・二六事件」の際には、元老の西園寺公望や牧野（前年に内大臣から退く）が近くにおらず、後任の内大臣の斎藤実が暗殺されるなど、頼るべき側近が不在のなかで天皇自らが主導権を握って、事態の解決にあたるようになっていく。

さらに三九年夏に平沼騏一郎内閣が倒れ、陸軍大将の阿部信行が組閣する際、天皇はそれまでの慣例であった陸軍三長官（陸相・参謀総長・教育統監）会議による陸軍大臣の決定に介入し、自らの意に沿った畑俊六（侍従武官長）を陸相に据えさせている。もちろん天皇がいつも閣僚人事に介入していたわけではなく、この決定は当時の陸軍内部の分裂や諸事情が重なった結果によるものではあったが、天皇がバジョットばりの「警告する権利」を陸軍や政府に行使したかのような事例であった[35]。

そして何より天皇の大権が発揮されたのは、一九四五年八月一五日の終戦にあたっての行動であろう。これらの事例は、天皇を輔弼すべき諸機関に支障が生じ、天皇が一時的にその大権を行使しうる機会がおとずれたときの特殊なものなのかもしれない。ただしその点では、裕仁が敬愛してやまなかったジョージ五世も、一九一六年一二月に戦時挙国一致政権の首班をロイド＝ジョージ（David Lloyd George）に交替させた事例や、世界恐慌の余波を受けたイギリス経済立て直しのために労働党のラムゼイ・マクドナルド（Ramsay MacDonald）

を首班とする挙国一致政権を樹立させたときなどに、議会や政党の分裂、国民からの支持といった諸事情が重なって、国王大権の行使も可能となったのである[36]。

一九四五年八月に敗戦を迎え、翌四六年二月に裕仁は幣原首相から「象徴」という言葉を聞くこととなる。歴史家の筒井清忠が鋭く分析するとおり、この言葉を見たとき、最も喜び勇気づけられた日本人は「実は昭和天皇であったかもしれない」。本章でもこれまで述べてきたとおり、「国民統合の象徴」には、まさにバジョットやジョージ五世の流れをくむ意味が込められていたようにも読めたであろうし、戦前期からの政治指導者の多くが入れ替わった占領中にあっても、かつてジョージ五世が『イギリス憲政論』を学んでいみじくも残したメモにあるとおり、「この国で政治的な経験を長く保てる唯一の政治家」として天皇自身はとどまることができたのであるから[37]。

さらにこの点を裏付けるかのように、戦後の昭和天皇はイギリス流の立憲君主制を理想とする思いを前面に出していくのである。敗戦直後に行った『ニューヨーク・タイムズ』の特派員と会見した折にも「英国のような立憲君主国がよいと思う」とはっきり述べているだけではない。茶谷誠一も論じるとおり、戦後の天皇は大臣らによる「内奏」を通じて、これまでのように国政に深く関与し続けていこうと考えていたようである。それはまさにバジョットの説く「諮問に対し意見を述べる権利」ということになろう[38]。

このの ち、戦後の歴代内閣は「内奏」を通じて、天皇にその時々の重要政策を説明し、場合によっては天皇が大臣たちに私見を述べるようなこともあったようである。それは、一九七三（昭和四八）年には大事件につながった。当時の防衛庁長官である増原恵吉が、「内奏」後に記者会見を行い、昭和天皇から「近隣諸国に比べ自衛力がそんなに大きいとは思えない」「防衛問題は難しいだろうが、国の守りは大事なので旧軍の悪いことは真似せず、いいところは取り入れてしっかりやってほしい」などと言葉をかけられていたことを洩らしてしまったのである。「内奏」の内容は決して明かさないというのが不文律であったため、増原長官は糾弾され、辞任を余儀なくされていく[39]。

この事件は、昭和天皇にとっても衝撃的だったようである。それでも「内奏」をやめさせようとはしなかった。この事件の直後に当時の入江相政侍従長にも述べているとおり、「英国首相は毎週一回クヰーンに拝謁する」のだから、自身にも閣僚から政務報告があってしかるべきであると考えていたのであろう[40]。昭和天皇には戦前期からの「統治権の総攬者」としての自覚がいまだに強く残っていたのかもしれない。

それと同時に、自らが敬愛するジョージ五世の孫にして現代のイギリス立憲君主制を表象する、当代の君主エリザベス二世（Elizabeth II, 在位一九五二年〜）とはこの事件の二年前（一九七一年一〇月）に天皇として初めてイギリスを訪れた際に親しく接していた裕仁は、自身もまた女王と同じく、イギリス流の立憲君主制を現代の日本流にアレンジしつつ、憲法に違反しない範囲内で国政に関与しているとの認識もあったのかもしれない。

いずれにせよ、ジョージ五世とタナー博士を通じて、バジョットが唱えた立憲君主制の精神は、昭和天皇のなかにその生涯を通じて大きな影響を及ぼしていたのであろう。

三．『ジョオジ五世伝』と皇太子アキヒト

「ジョージ五世の伝記は小泉博士と一緒に読みました。しかし、全部読んだというわけではありません。ただ、その時に読んだ箇所は今でも非常に印象深いものがあります。例えば、バジョットの憲法論、国王は相談され、励まし、そして警告するという、そういうことをジョージ五世は学ばれたと書かれていますが、ジョージ五世が地道に誠意を持って、国のため国民のために歩まれた姿は感銘深いものがあります。昭和天皇が皇太子時代にジョージ五世の温かいおもてなしを受けたわけですけれども、やはり同じような気持ちを持たれたのではな

いかと思います。また、この本の中で、私の年代ではもう歴史となっている時代の英国、また、英国を取り巻く欧州についての認識を深められたことも大変良かったことだと思います」[41]。

これは一九九八（平成一〇）年五月に、天皇として初めてイギリスを公式訪問する前に行われた記者会見の席で、明仁天皇が述べた言葉である。ここに出てくる「小泉博士」とは、一九四九（昭和二四）年から「東宮御教育常時参与」として皇太子時代の明仁の補導役を務めた小泉信三のことである。慶應義塾塾長などを歴任した経済学者であり、イギリスへの留学経験もあった。この年から皇太子は、毎週火曜と金曜に小泉から講義を受けるとともに、いくつかの本も講読した。福澤諭吉の『帝室論』などと並んで小泉がテキストに選んだのが、イギリスの外交官にして歴史家のハロルド・ニコルソン（Sir Harold Nicolson）が書いた『ジョオジ五世伝（*King George the Fifth : His Life and Reign*）』だった。

この本は、一九五二年に刊行されたばかりで、もちろん和訳などなく、小泉と皇太子は原書で読み通した。前記の天皇時の発言にもあるように、五三一頁に及ぶ大著のすべてを講読したわけではないが、その大半を読了したのは五九（昭和三四）年四月三日のことであり、そのちょうど一週間後に皇太子は正田美智子との「ご成婚」を迎えるのである。

小泉が『ジョオジ五世伝』をテキストに選んだ理由は、この著作が当時すでに名著として評判が高かったこともももちろんあるが、何よりまず主人公のジョージ五世が「義務に忠実な国王」だったからである。国王は天才でも英雄でもなく、その四半世紀にあまる治世において、人々の耳目を驚かすような行動もほとんどなかったかもしれない。しかしイギリス国民は、いつしか彼が王位にあることに堅固と安全を感じるようになっていた。

さらにジョージ五世の治世二五年の間に内閣は九回替わったが、王は終始一人だった。「事実上いかなる首相の政治的経験も、その連続の一点においては、王または女皇におよばない。更に首相は常に政党の首領であるが、国王は当然党争外に中立する」。それゆえ「立憲君主は道徳的警告者たる役目を果たすことが出来るといえる。そのためには君主が無私聡明、道徳的に信用ある人格として尊信を受ける人でなければならぬこと勿論である」と、小泉はのちに語った[42]。

この小泉の言葉は、まさにバジョットが『イギリス憲政論』で論じたそれであり、評伝の主人公ジョージ五世も彼の本から体得した事柄でもあった。本章の「二」でも紹介した、ジョージが若き日にタナー博士と『イギリス憲政論』を講読した折に残した「君主制」に関するメモ書きは、この『ジョオジ五世伝』にもすべて記されている[43]。ジョージ五世がタナーと「立憲君主とは何か」について学んだのと同じように、明仁も小泉とともに「新生日本」の新たな皇室と象徴天皇制を担うべく、「立憲君主とは何か」、真剣に学んでいたはずである。『ジョオジ五世伝』はその意味でも、格好の題材であった。

講読が終わりを向かえようとする頃、小泉は皇太子にこの伝記についてのレポート提出を課した。小泉が特に印象に残ったのは、「英国近年の名君といわれたジョオジ五世及びジョオジ六世が、ともに第二皇子として、比較的目立たぬ皇子時代を送ったことに注目せられ。このことがこの両王の成長によい影響を与えたのではなかろうか」という点だった。「第一皇子はとかく人目を引き、はでな存在となり弊害も起こり易い。ジョオジ親王が第一皇子の影にかくれて地味な海軍軍人生活をつづけ、多くの社会的経験を得たことが、将来に利するところが多かったことと信ずる」との皇太子の率直な感想に、小泉は「この人にしてこの言あり」とうなっている[44]。

すでに記したとおり、ジョージ五世は兄の突然の死により、それまでの海軍軍人としての経歴を終えて王位の継承を決意したが、彼の次男ジョージ六世（在位一九三六～五二年）も同様だったのだ。彼はこれまた年子の兄（エドワード八世）が俗にいう「王冠をかけた恋」により、在位一年足らずで退位した結果、突然王位を引き継がなければならなくなった。その直後に起こった第二次世界大戦では、父王と同じく国民とともに戦い、イギリスを勝利に導いた誠実な王であった。ニコルソンのこの伝記が出た年に王は五六歳で急逝した。

実はこの伝記を小泉に贈ったのは、当時駐英大使を務めていた松本俊一であった。『ジョオジ五世伝』刊行の翌年、一九五三年六月二日に、ジョージ六世の長女エリザベス二世の戴冠式が予定され、日本からは明仁皇太子が出席することに決まった。訪英する前に、準備の一環として松本から同書が贈られ、これを読んだ小泉も皇太子の教育に最良のテキストと判断したのであろう[45]。

こうして明仁は、五三年四月に念願のイギリスに到着した。それまで書物でしか知らなかったヨーロッパ、それも小泉と講読する『ジョオジ五世伝』の本場イギリスに降り立ったのである。とはいえ、当時はまだ「戦争の傷跡」が人々の心の中にも深く残っていた。特に太平洋戦争で日本と戦い、降伏した後に捕虜にされた旧軍人たちは、日本に対し強い恨みを抱いていた。彼らだけではない、政界にもマスコミ界にも「日本」に対する敵意はいまだ強かった。

ここで動いたのが時の首相ウィンストン・チャーチル(Sir Winston Churchill)だった。彼は四月三〇日の午後に、ダウニング街一〇番地の首相官邸で皇太子歓迎の午餐会を開いた。明仁訪英に難色を示していた労働党や労働組合の幹部、新聞界の大立者も招かれていた。宴たけなわの時に首相がいきなり立ち上がってスピーチを始めた。それは当初の予定には含まれていないものだった。

「現在のイギリスの多様な政治的見解—政府、議会、組合、マスコミなど—はイギリスの社会の特徴であります。そしてイギリス人は、たとえ意見が食い違っていても、イギリス式の生活を大切に守ろうとする点で団結するのであります。[中略]このイギリス式の生活が引き続き安定しているのは、国家体制、とりわけ立憲君主制に負うところ大であります。君主は『君臨すれども統治せず』であり、誤りを犯すはずなどありません」。

この言葉に、それまで日本の皇太子が女王陛下の戴冠式に出席することに批判的だった人物たちも、目の覚める思いをしたようである。それと同時に、歓待を受けた明仁皇太子も深い感銘を受けるとともに、あらためてイギリス流の「立憲君主制」の極意も感じ取ったはずである。その後、明仁はイギリス中の多くの人々と接し、ヨーロッパ一一ヵ国を歴訪したのち、アメリカを経由して帰国の途に就いた[46]。

それから三六年の時を隔てた一九八九年一月、昭和天皇のあとを受けて、明仁は天皇に即位した。父とは異なり、彼は即位当初から「象徴天皇」として振る舞わなければならなかった。後で述べるとおり、彼はこの「象徴」の意味を終始考え続けながら、日々の生活を送っていく。その明仁天皇が、昭和天皇にはできなかった二つの側面で、「象徴天皇」としての自らのスタイルを確立したといっても過言ではないだろう。

まずは、平成の世になってから頻発するようになった、大災害の被災者たちの慰問である。即位した翌年の一一月に生じた、長崎県の雲仙普賢岳（うんぜんふげんだけ）の土石流・火砕流の被害に始まり、阪神淡路大震災（一九九五年）、東日本大震災（二〇一一年）、熊本大地震（一六年）、そして北海道胆振（いぶり）東部地震（一八年）に至るまで、明仁天皇と美智子皇后の姿は常に被災者とともにあった。特に避難のため体育館などで生活する被災者のもとにひざまずいて、人々と同じ目線で接し、体育館のすべての被災者一人一人にお見舞いの言葉をかける二人の姿に周囲は感動した。

さらに太平洋戦争で亡くなった国内外の人々に対する慰霊の旅も、「戦犯」と呼ばれた昭和天皇にはできないことだった。一九五三年に、イギリスをはじめヨーロッパ諸国を訪れた際に、「戦争の傷跡」がいまだ深いことを明仁はかいま見たのである。沖縄、広島、長崎はもとより、サイパン（二〇〇五年）やパラオ（一五年）に至るまで、明仁は美智子皇后とともに慰霊の旅を続けた。

こうした明仁天皇の姿には、若き日に小泉と熱心に講読した『ジョオジ五世伝』からの教訓もいかされているように思えてならない。

未曾有の大戦争とも呼ばれた第一次世界大戦（一九一四～一八年）において、ジョージ五世とメアリ王妃は、常に国民とともにあった。史上最初の本格的な「総力戦（total war）」となったこの戦争に、老若男女すべての国民が深く関わるようになっていた。この四年間で、国王が慰問に訪れた連隊の数は四五〇、王妃とともに病院を訪問したのは三〇〇回、軍需工場や港湾で働く人々を激励したのも同じく三〇〇回、さらに自ら勲章や記章を授与した人々の数は優に五万人を超えていたのである。国民もまた、自分たちは「王とともに」戦っていると強く感じた[47]。

また、ジョージ五世は大戦中は、自ら国民の模範になろうと努力した。戦争が続く限り、軍服以外の新調は控えられ、外出も公務のみに限られた。戦争が終わるまで、食卓に酒類はいっさい出さないことも決めた。宮殿でも城でも、暖房や照明の使用は最小限に抑えられ、風呂もお湯は五~六センチ程度しかためず、あとは水で済まされた[48]。こうした生活態度は、東日本大震災の際に首都圏における電力不足が取り沙汰されるなか、皇居で率先して節電に取り組み、食卓に蝋燭(ろうそく)を灯(とも)して食事した明仁天皇の姿にも符合する。

さらに第一次世界大戦は、参戦国に一〇〇〇万人以上とされる犠牲者を出した。イギリスと自治領・植民地の戦死者も八八万人を超えた。終戦一周年を迎えた一九一九年一一月一一日からは、この日は「戦没者追悼記念の日(Remembrance Day)」に制定され、毎年、王室や政府指導者が国民とともに式典を主催することになった。ジョージ五世は「帝国の喪主」として、式典に必ず出席し、慰霊碑に花輪を捧げた。それはまた、前記のとおり、国内外で慰霊の旅を続ける一方、毎年八月一五日の「全国戦没者追悼式」に真摯に出席し続けた明仁天皇の姿にも共通していよう。

こうしたなかで、二〇一六年八月八日午後三時、明仁天皇はあらかじめ録画しておいた「象徴としてのお務めについての天皇陛下のおことば」を、すべての地上波放送を通じていっせいにテレビで放映した。約一一分に及ぶ「おことば」で、明仁天皇は高齢化に伴い、体力的にも「象徴」としての務めが果たせなくなっている点を強調し、「退位」の意向をにじませたのである。そして最後には、「国民の理解を得られることを、切に願っています」との言葉で放送をしめくくった。

この「おことば」のなかに、明仁天皇が「象徴とは何か」について言及している箇所がある。「天皇が象徴であると共に、国民統合の象徴としての役割を果たすためには、天皇が国民に、天皇という象徴の立場への理解を求めると共に、天皇もまた、自らのありように深く心し、国民に対する理解を深め、常に国民と共にある自覚を自らの内に育てる必要を感じて来ました。こうした意味において、日本の各地、とりわけ遠隔の地や島々への旅も、私は天皇の象徴的行為として、大切なものと感じて来ました。皇太子の時代も含め、これまで私が皇后と共に行(おこな)って来たほぼ全国に及ぶ旅は、国内のどこにおいても、その地域を愛し、その共同体を地道に支える市井(しせい)の人々のあることを私に認識させ、私がこの認識をもって、天皇として大切な、国民を思い、国民のために祈るという務めを、人々への深い信頼と敬愛をもってなし得たことは、幸せなことでした」[49]。

ここには、即位して四半世紀以上に及ぶ、明仁天皇の偽らざる気持ちが込められているとともに、この間に彼自身が模索してきた「象徴天皇」のあり方も表現されていよう。常に「国民とともにあり」、国民の日常生活をしっかりと見聞したうえで、国民と同じ目線でものを考え、国民を励まし、時によっては国民から励まされながら、日々の公務に勤しんでいくのが、二一世紀の「象徴天皇」の姿であるばかりか、日本だけにはとどまらず、すべての「立憲君主制」の神髄なのではないか。

日本史家の河西秀哉も論ずるとおり、日本国憲法に規定された「象徴」は曖昧な概念であり、それゆえ戦後社会のなかでも様々な模索があり、可能性もあった。こうしたなかで、時代の要請や国民の期待とともに、天皇と皇后によっても「象徴」の意味は規定され続けていった。河西が鋭く指摘するように「象徴天皇制という制度は、そのアクターの人格によって左右されていることを意識しておく必要がある」[50]。

「天皇は日本国の象徴であり、国民統合の象徴であるという憲法に定められた点を常に念頭において務めを果たしてきました。そして、どのように在るのがこの象徴にふさわしいかということが、いつも念頭から離れないことでした。[中略]やはり王室や皇室は、日本でも英国でも、それぞれの歴史を受け継いでおり、国民の考え方・感情も違ってきています。この点を日本の国民がどのように考えるかということを、考えていかなければならないことではないかと思っております」[51]。

この言葉もまた、本節の冒頭でも紹介した、一九九八年五月にイギリスをはじめとするヨーロッパ諸国への訪問を前に、記者会見で述べた明仁天皇のものである。

第二次世界大戦を契機に敵味方に分かれて死闘を繰り広げた後、和解を遂げた日英の皇室・王室にももちろん違いは見られる。しかし、戦後に皇太子として長年の経験を積み、平成という三〇年にわたる時代を「象徴天皇」として歩んできた明仁天皇の人格形成に、若き日に読んだ『ジョオジ五世伝』とそれが伝えるイギリス立憲君主制の歴史と現状とが、一定の影響力を及ぼしていたのではないかと推察することも可能なのではないだろうか。

おわりに

二〇一九（平成三一）年四月三〇日に、明仁天皇は退位した。およそ三年前に「おことば」を発していながら、皇室典範に退位の規定などなかったため、その後は政府も国会も大あわてで対応し、二〇一七年六月に「天皇の退位等に関する皇室典範特例法」が国会を通過し、ここに退位も実現したのである。

おもえば、この退位に至るまでの一連の経緯にも示されているとおり、「象徴天皇とは何か」という問題に対する国民全体の関心も高くはなかった。それは戦後の憲法学界にも言えることではないだろうか。憲法制定直後は、確かに戦後の「天皇のあり方」について侃々諤々（かんかんがくがく）の論争が展開されたこともある[52]。

特に、日本国憲法になって定まった「国民主権」と天皇制とが果たして両立するのか。それとも関わり、天皇制とは戦前との「連続なのか、あるいは断絶なのか」。「天皇とは単に象徴にすぎない」という消極的な見解と、天皇に積極的な役割を期待する考え方と。天皇とは「地位なのか、機能なのか」。そして行き着くところは、「天皇とは人間なのか」という問題にまで至るのである。

「はじめに」でも紹介した憲法学者の宮沢俊義は、「そもそも『人間』と『天皇』とが、本質的に、どこまで両立できるのか。それをよく考えてみなくてはならない」と、戦後の日本人たちに問いかけている[53]。

本章でこれまで考察してきたとおり、象徴天皇であれ、イギリス流の立憲君主であれ、それは等しく「国民統合の象徴」や「帝国の紐帯」であると同時に、国民と同じく一人の「人間」ではなかろうか。敗戦後の昭和天皇も、その後を引き継いだ明仁天皇も、「象徴」の意味を生涯模索しながら、ともにその在位を終えていった。それは彼らの君主としてのあり方に大きな影響を与えたと考えられる、イギリスのジョージ五世も、さらにはその後を引き継いだジョージ六世、そしてエリザベス二世もしかりである。

ジョージ五世の時代に「王冠への忠誠」の下、対等の地位となったイギリスと自治領との関係は、第二次世界大戦後にさらに拡がった。一九四七年八月にインドとパキスタンが独立し、非白人系が主体となる独立国が次々と英連邦に加わってきたからである。その二年後の四月、「英連邦諸国（British Commonwealth）」は「旧英連邦諸国（Commonwealth）」としてロンドン会議で改組され、イギリスも加盟国の単なる一員となってしまった。

この会議の直前、英連邦の首長たるジョージ六世は、世界各国から集まった首脳たちに次のように語っている。「君主というものは抽象的な象徴（abstract symbol）ではあるが、国王自身は生身の人間なのだ」[54]。そのわずか四年後、戴冠式を終えたエリザベス二世は、コモンウェルス諸国周遊の旅に出かけ、その年の「クリスマス・メッセージ」をニュージーランドのオークランドから世界に向けて発信した。「私は君主というものが、われわれの団結にとって単に抽象的な象徴であるばかりではなく、あなたと私の間を結ぶ生きた紐帯であることをも示したいのです（I want to show the Crown is not merely an abstract symbol of our unity but a personal and living bond between you and me）」[55]。

もうすぐ在位七〇年に及ばんとする女王の精神にも、バジョットに通ずる立憲君主制の極意が脈々と受け継がれているのだ。令和を迎えてからの日本の象徴天皇制にとっても、イギリス立憲君主制からはまだまだ学ぶことが多いのかもしれない。

1　宮沢俊義「王冠のゆくえ―君主制の運命」（同『神々の復活』読売新聞社、一九五五年）七二頁。
2　水島治郎「はじめに」（水島治郎・君塚直隆編『現代世界の陛下たち―デモクラシーと王室・皇室』ミネルヴァ書房、二〇一八年）、iii～iv。
3　高柳賢三『天皇・憲法第九條』（有紀書房、一九六三年）二九～三一頁。
4　アメリカの中央情報局（ＣＩＡ）による世界各国の情勢一覧による。ホームページは、https://www.cia.gov/library/publications/resources/the-world-factbook/geos/ja.html.
5　前掲高柳『天皇・憲法第九條』五一頁。
6　中村政則『象徴天皇制への道』（岩波新書、一九八九年）一六二～一六六頁。
7　ウォルター・バジョット（小松春雄訳）『イギリス憲政論』（中公クラシックス、二〇一一年）五五頁。
8　前掲中村『象徴天皇制への道』一七二～一七八頁。
9　西修『証言でつづる日本国憲法の成立経緯』（海竜社、二〇一九年）三七〇頁。
10　鈴木昭典『日本国憲法を生んだ密室の九日間』（創元社、一九九五年）一一八頁。
11　小川浩之『英連邦』（中公叢書、二〇一二年）七四～七六頁。
12　幣原喜重郎『外交五十年』（中公文庫、一九八七年）、二三二～二三三頁。
13　下條芳明「『象徴』の由来、受容および普及をめぐって―日本特有『二権分立制』の再生―」（『法政治研究』第三号、二〇一七年）二四～三一頁。
14　前掲高柳『天皇・憲法第九條』三一～三二頁。

15　Inazo Nitobe, *Japan - Some Phases of her Problems and Development*（『新渡戸稲造全集』第一四巻、教文館、一九八四年）p.176. 翻訳は、佐藤全弘訳『日本―その問題と発展の諸局面』（同、第一八巻、教文館、一九八五年）一八四頁。

16　佐藤全弘『新渡戸稲造の世界』（教文館、一九九八年）二五〇頁。

17　Walter Bagehot, *The English Constitution* (With an Introduction by The First Earl of Balfour, Oxford University Press, 1928), p.xxv. なお、本文の訳は、深瀬基寛訳『英國の國家構造』（弘文堂、一九四七年、二六～二八頁）、佐藤功『君主制の研究―比較憲法的考察』（日本評論新社、一九五七年、一二六～一二七頁）を参考にして表記した。

18　前掲バジョット『イギリス憲政論』一〇二頁。

19　Edward VII Papers, The Royal Archives, Windsor Castle, RA VIC/MAIN/W/42/2 : Balfour to the King, 6 Feb. 1901. ウィンザー城内の王室文書館所蔵の文書については、エリザベス二世女王陛下より閲覧・使用を許可していただいた。記してここに感謝したい。

20　前掲小川『英連邦』七一頁。

21　茶谷誠一『象徴天皇制の成立』（ＮＨＫ出版、二〇一七年）二三頁。

22　前掲下條「『象徴』の由来、受容および普及をめぐって」三〇頁。

23　髙橋紘『人間　昭和天皇』（上巻、講談社、二〇一一年）一九一頁。

24　波多野勝『裕仁皇太子ヨーロッパ外遊記』（草思社、一九九八年）が詳しい。

25　George V Papers, The Royal Archives, Windsor Castle, RA GV/PRIV/AA3 : Note by the Duke of York, March 1894.

26　君塚直隆『ジョージ五世』（日経プレミアシリーズ、二〇一一年）七〇～七六頁。

27　George V Papers, RA GV/PRIV/GVD/1921 : The King's Diary, 9 May 1921.

28　「皇太子殿下海外御巡遊記」第三九章（宮内庁宮内公文書館所蔵、識別番号八五四九六）四二頁。

29　同前、四四～四五頁。

30　同前、四八頁。

31　同前、四九頁。なお、（　）内の原文は、同英語版一二頁による。

32 伊藤之雄『昭和天皇伝』（文春文庫、二〇一四年）第五章〜第七章。また、牧野については、茶谷誠一『牧野伸顕』（吉川弘文館、二〇一三年）第四も参照されたい。
33 君塚直隆『ヴィクトリア女王』（中公新書、二〇〇七年）三二〜三五頁。
34 村井良太『政党内閣制の展開と崩壊　一九二七〜三六年』（有斐閣、二〇一四年）七三頁。
35 筒井清忠「天皇指名制陸相の登場」（筒井清忠編『昭和史講義2』ちくま新書、二〇一六年）。
36 前掲君塚『ジョージ五世』一一〇〜一一四、一七〇〜一七四頁。
37 筒井清忠「岐路に立つ象徴天皇制―バジョット・昭和天皇・福沢『帝室論』」（『中央公論』第一三三巻第五号、二〇一九年五月）五三頁。なお、本章執筆にあたり、筒井清忠先生にも多大なるご示唆を賜った。記して感謝したい。
38 前掲茶谷『象徴天皇制の成立』一〇七〜一〇九、一一七頁。
39 同前、一一〇頁。
40 同前、一一八頁。
41 宮内庁ホームページ（一九九八年五月二二日「英国・デンマークご訪問に際し」）。
http://www.kunaicho.go.jp/okotoba/01/gaikoku/gaikoku-h10-uk-denmark.html.
42 小泉信三『ジョオジ五世伝と帝室論』（文藝春秋、一九八九年）一九〇〜一九二頁。
43 Harold Nicolson, *King George the Fifth : His Life and Reign* (Constable, 1952) ,pp.62-63.
44 前掲小泉『ジョオジ五世伝と帝室論』一〇〜一一頁。
45 小川原正道『小泉信三』（中公新書、二〇一八年）一三一頁。
46 波多野勝『明仁皇太子エリザベス女王戴冠式列席記』（草思社、二〇一二年）、二一〇〜二一二頁。
47 前掲君塚『ジョージ五世』一二四頁。
48 同前、一〇三〜一〇四頁。
49 宮内庁ホームページ（象徴としてのお務めについての天皇陛下のおことば）。
http://www.kunaicho.go.jp/page/okotoba/detail/12.

50　河西秀哉『平成の天皇と戦後日本』（人文書院、二〇一九年）一七五頁。
51　註41と同じ。
52　西村雄一「『象徴』とは何か―憲法学の観点から」（吉田裕・瀬畑源・河西秀哉編『平成の天皇制とは何か』岩波書店、二〇一七年）二一五～二四一頁。
53　宮沢俊義『憲法と天皇』（東京大学出版会、一九六九年）一三五頁。
54　Cabinet Papers, The National Archives, CAB 127/344 : Attlee to Nehru, 20 Mar. 1949.
55　https://www.royal.uk/christmas-broadcast-1953.

第六章　平成から令和へ

——新聞メディアは改元をどう報じたか——

栗原俊雄

はじめに

二〇一六年、明仁天皇（現上皇）が生前退位の意思を持っていることが明らかになった。その意思を可能にするべく皇室典範が改正され、退位が実現した。さらには改元、新天皇の即位などと日本現代史、天皇制の歴史の中でも大きな画期となることが続いた。

日本国憲法第一条によれば、天皇は「日本国の象徴であり日本国民統合の象徴」であり、国民は天皇と無関係たり得ない。その存在にまつわる画期的事象であるがゆえに、新聞、ジャーナリズムが果たすべき役割は大きかった。

たとえば象徴天皇がなすべきこととは、具体的に何なのか。今回の退位は、政治的権能をもたないはずの天皇が、実質的に政治を動かしたのではないのか。「君主の時制」とも言われる「元号」が主権在民の現代にふさわしいのか。そしてその「元号」はだれがどうやって決めているのか……。論ずべきテーマ、明らかにすべき謎は多岐にわたるはずだった。

では新聞はそうしたことをどう論じ、報じたのか、あるいは報じなかったのか。本稿はいわゆる全国紙（東京本社発行版）を中心にその点を考察してゆく。なお、文中の肩書は当時のものである。

一．「おことば」から生前退位までの報道　～天皇制の本質議論する機会を逃す

「生前退位」の始まり

生前退位が、当事者以外にとって起点となったのは二〇一六年七月一三日、NHKの報道であった。午後六時五九分、「天皇陛下『生前退位』の意向示される　内外にお気持ち表明検討」などとするテロップが流さ

れた。続く午後七時からのニュースで、より詳しい情報が流された。

さらに同年八月八日、明仁天皇のビデオメッセージ「象徴としてのお務めについての天皇陛下のおことば」が、テレビなどで報道された。

以下が全文である[1]。


戦後七〇年という大きな節目を過ぎ、二年後には、平成三〇年を迎えます。

私も八〇を越え、体力の面などから様々な制約を覚えることもあり、ここ数年、天皇としての自らの歩みを振り返るとともに、この先の自分の在り方や務めにつき、思いを致すようになりました。

本日は、社会の高齢化が進む中、天皇もまた高齢となった場合、どのような在り方が望ましいか、天皇という立場上、現行の皇室制度に具体的に触れることは控えながら、私が個人として、これまでに考えて来たことを話したいと思います。

即位以来、私は国事行為を行うと共に、日本国憲法下で象徴と位置づけられた天皇の望ましい在り方を、日々模索しつつ過ごして来ました。伝統の継承者として、これを守り続ける責任に深く思いを致し、更に日々新たになる日本と世界の中にあって、日本の皇室が、いかに伝統を現代に生かし、いきいきとして社会に内在し、人々の期待に応えていくかを考えつつ、今日に至っています。

そのような中、何年か前のことになりますが、二度の外科手術を受け、加えて高齢による体力の低下を覚えるようになった頃から、これから先、従来のように重い務めを果たすことが困難になった場合、どのように身を処していくことが、国にとり、国民にとり、また、私のあとを歩む皇族にとり良いことであるかにつき、考えるようになりました。既に八〇を越え、幸いに健康であるとは申せ、次第に進む身体の衰えを考慮する時、これまでのように、全身全霊をもって象徴の務めを果たしていくことが、難しくなるのではないかと案じています。

私が天皇の位についてから、ほぼ二八年、この間私は、我が国における多くの喜びの時、また悲しみの時を、人々と共に過ごして来ました。私はこれまで天皇の務めとして、何よりもまず国民の安寧と幸せを祈ることを大切に考えて来ましたが、同時に事にあたっては、時として人々の傍らに立ち、その声に耳を傾け、思いに寄り添うことも大切なことと考えて来ました。天皇が象徴であると共に、国民統合の象徴としての役割を果たすためには、天皇が国民に、天皇という象徴の立場への理解を求めると共に、天皇もまた、自らのありように深く心し、国民に対する理解を深め、常に国民と共にある自覚を自らの内に育てる必要を感じて来ました。こうした意味において、日本の各地、とりわけ遠隔の地や島々への旅も、私は天皇の象徴的行為として、大切なものと感じて来ました。皇太子の時代も含め、これまで私が皇后と共に行って来たほぼ全国に及ぶ旅は、国内のどこにおいても、その地域を愛し、その共同体を地道に支える市井の人々のあることを私に認識させ、私がこの認識をもって、天皇として大切な、国民を思い、国民のために祈るという務めを、人々への深い信頼と敬愛をもってなし得たことは、幸せなことでした。

天皇の高齢化に伴う対処の仕方が、国事行為や、その象徴としての行為を限りなく縮小していくことには、無理があろうと思われます。また、天皇が未成年であったり、重病などによりその機能を果たし得なくなった場合には、天皇の行為を代行する摂政を置くことも考えられます。しかし、この場合も、天皇が十分にその立場に求められる務めを果たせぬまま、生涯の終わりに至るまで天皇であり続けることに変わりはありません。

天皇が健康を損ない、深刻な状態に立ち至った場合、これまでにも見られたように、社会が停滞し、国民の暮らしにも様々な影響が及ぶことが懸念されます。更にこれまでの皇室のしきたりとして、天皇の終焉に当たっては、重い殯の行事が連日ほぼ二ヶ月にわたって続き、その後喪儀に関連する行事が、一年間続きます。その様々な行事と、新時代に関わる諸行事が同時に進行することから、行事に関わる人々、とりわけ残される家族は、非常に厳しい状況下に置かれざるを得ません。こうした事態を避けることは出来ないものだろうかとの思いが、胸に去来することもあります。

始めにも述べましたように、憲法の下、天皇は国政に関する権能を有しません。そうした中で、このたび我が国の長い天皇の歴史を改めて振り返りつつ、これからも皇室がどのような時にも国民と共にあり、相たずさえてこの国の未来を築いていけるよう、そして象徴天皇の務めが常に途切れることなく、安定的に続いていくことをひとえに念じ、ここに私の気持ちをお話しいたしました。

国民の理解を得られることを、切に願っています。

要点をみると（一）「おことば」（「お気持ち」）は私的な考えである（二）象徴と位置づけられた天皇のあり方を考え、それに基づいて天皇としての務めを果たしてきた（三）高齢、身体の衰えからこれまでのように務めを果たすのが難しくなる（四）高齢化を理由として天皇の務めを縮小する、あるいは摂政の設置では天皇としての務めは果たせない（五）天皇が健康上深刻な状態になった場合、社会、国民の暮らしに影響を及ぼす（六）天皇が亡くなった後は皇室の諸行事が同時進行し、残された家族が厳しい状況に置かれる（七）「このお気持ち」は天皇が国政に関与する権能は持っていない中で、天皇・皇室が国民と未来を築き、象徴天皇の務めが安定的に続いていくことを念じて述べていること、である。

憲法が求めない「公的行為」から退位？～天皇制にそぐわない能力主義

天皇が重視する「象徴としての行為」、「天皇が十分にその立場に求められる務め」の具体的行動としては、日本の全国、とりわけ遠隔の地や島々への旅が挙げられている。

天皇と皇后は、たびたび天災に見舞われた地域を訪ねて被災者をいたわった。また第二次世界大戦の激戦地跡に向かい、慰霊をした。こうした姿はメディアでたびたび取り上げられてきた。時に被災者の前でひざまずき会話する様子は、天皇、皇室への好感度を上げる効果があったとみられる。

さて日本国憲法は第四条で「天皇は、この憲法の定める国事に関する行為のみを行ひ」としている。その国事行為を定める第七条は、まず「天皇は、内閣の助言と承認により、国民のために、左の国事に関する行為を行ふ」とし、「憲法改正、法律、政令及び条約を公布すること」「国会を召集すること」「栄典を授与すること」「儀式を行ふこと」などを列挙する。その数は一二ないし一三(国事行為の委任行為を含める)である。

ここには、前述の「象徴的行為」は含まれていない。最も近いものが「儀式を行う」だろう。しかし、そうなれば天皇の国事行為は際限なく広がりかねず、無理があろう。

「象徴的行為」はいわゆる「公的行為」である。国民に広く理解があることは確かだ。ただ、上記憲法が天皇に直接求めているものではない。つまり憲法上「すべきこと」ではない。

「お気持ち」には「退位したい」「退位する」という言葉はないが、その意思が色濃くにじんでいる。ただ皇位の継承を定める皇室典範は、「お気持ち」が示された時点では、生前の退位を想定していない。

つまり明仁天皇は自らがすべきこと——憲法が想定していないことも含めて——を自分で決め、それができなくなったからやめるという意思表示をしたことになる。

この点について、古川隆久・日本大学教授(日本近現代史)は以下の指摘をしている[2]。

ビデオメッセージによれば、天皇陛下は象徴天皇としての「務め」を果たされることを重視されている。国事行為と、象徴としての公的行為を指すと思われるが、もともと憲法が定める天皇の国事行為は一三項目に限られており、一方の公的行為は国内外の訪問や行事出席など多数に上る。しかしこれらをすべて、陛下がしなければならないのか。

憲法に規定がない行為を全うできないないから退位する、というのは踏み込みすぎだろう。何かをできるかできないかという、能力主義で天皇としての適性を見極めることになり、憲法が定める世襲制が揺らぐ。また後継者としては、前の天皇が行ってきたことをこなさなければならない、というプレッシャーとなるだろう。さらに健康上の理由などでそれらができない場合、批判がおき『別の人がいい』ということになりかねない。

国民の圧倒的多数が退位を支持

古川の指摘は、明仁天皇の言動が、「象徴天皇の務めが安定的に続いていくこと」という明仁天皇の願いを自ら揺さぶっていることを示すものだ。

さて「おことば」には「退位したい」「退位する」といった明確な意思は書かれていない。しかしその意思が強くにじむものであった。

皇室典範第四条は「天皇が崩じたときは、皇嗣が、直ちに即位する」としている。つまり天皇の生前退位を想定してなかった。憲法にもその規定はない。

ただ国民の多くが、明仁天皇の意思を支持した。朝日新聞が九月に行った世論調査によれば、生前退位に賛成が九一％、反対は四％。同月にほぼ同じ問いをした毎日新聞では賛成が八四％、反対は四％だった。

同月、産経新聞による『「生前退位」についてどう考えるか』との調査には「今の陛下に限りできるようにすべき」が二四・五％、「今後すべての天皇ができるようにすべき」が六九・六％で、九四・一％が生前退位に賛成であった。「認めるべきではない」は四・二％だった。いずれも、圧倒的多数が生前退位に賛成していたことが分かる。

天皇の意思が公になったのを受け、政府は二〇一六年九月、「天皇の公務の負担軽減等に関する有識者会議」（有識者会議）を設置した。その名称から分かる通り、議論の名目上の主題は「天皇の公務の負担軽減」であった。本当の目的は何か。有識者会議で副座長を務めた御厨貴・東京大学名誉教授が二〇一九年二月一九日、日本綿業倶楽部茶話会で行った講演が興味深い[3]。

敗戦後、昭和天皇の責任を追及し、退位すべきだという議論が国内であった。御厨は、それを押しとどめたのが「崩御制原則」だったと指摘する。「憲法が変わろうと、日本は大日本帝国憲法からいわゆる現行の日本国憲法に変わったわけですが、天皇の地位の交代はずっと崩御制が当たり前だと思ってきた」。だから「陛下が退位のご意向を示されて、しかもそれをビデオメッセージとして国民に流された。これは衝撃的でした」。

政府は、天皇の公務負担軽減等に関する有識者会議を設置。座長代理を務めた御厨によれば、「要は天皇の退位をお認めするかどうかということを審議する有識者会議」だった。

「これは認められるだろうか。厳密に言うと、天皇陛下がご自分の意思で地位を退かれるというのは明らかに政治的行為に当たる。政治的行為に当たるということは、天皇のことを規定した憲法に違反する」。

「結局私たちが考えたのは、これは国民の総意にのっとっているという形をとらなければだめだということです。幸い、当時日本のメディアはすごかった。『陛下がご高齢により退きたいと言われているが、これを認めるかどうか』と全てのメディアが世論調査をした。すごかったですね。圧倒的、九割がそれに賛成した。［中略］もうこれを根拠にするしかないと私は思いました。九割と言えばもうほとんどですから、これを軸にしながら陛下のご退位について考えていったわけです」。

「天皇の意思」による退位は、憲法が禁じる「政治的行為」となる。それを避けるために、有識者会議は「ほとんど」の国民の支持を根拠とし、退位へのレールを敷いていったことが分かる。

二〇一六年一一月、有識者会議は三回、専門家からヒアリングをした。退位支持が多数だったが、反対論もあった。

たとえば高橋和之・東京大学名誉教授は「憲法上、想定されていない象徴的行為が困難になったという退位の要件を定めることは、憲法の趣旨に合わない」と指摘した。しかし翌年六月、「天皇の退位等に関する皇室典範特例法」（退位特例法）が成立した。退位を制度化するのではなく、明仁天皇一代に限って退位を認める法律である。退位の制度化を主張した自由党以外、ほぼ全会一致で成立した。

退位特例法は全五条。第一条で、明仁天皇が高齢になり、象徴としての公的行為など「活動を続けることが困難となることを深く案じておられる」とする。「国民は陛下のお気持ちを理解し、共感している」とし、皇室典範の特例として定めるものとした。

さらに、政府は二〇一七年一二月に皇室会議の意見を聞いた上で、二〇一九年四月三〇日を退位日とした。

こうした「おことば」から退位に至る経緯は、日本国憲法第四条にある「(天皇は）国政に関する機能を有しない」という規定を思い出させる。

「国政に関する機能」というのは抽象的な表現であり、具体的にどんな言動を指すのか判然としない。一方で、今回の「おことば」があればこそ皇室典範が改正され、天皇の生前退位が実現したことは明らかではないか。だとすれば御厨が指摘した通り、「憲法違反」の恐れがある。

天皇側のメディア戦略が機能？

さて前述のように、明仁天皇が退位の意向を持っていることを、多くの国民が知ったのは二〇一六年七月のＮＨＫの報道であった。

当日、社外にいた筆者はこの報道の直後、同僚から電話で「生前退位の意向」の報を知らされた。翌日の朝刊に大きく報道すべき大ニュースである。近現代史や天皇制を専門とする研究者らにコメントを求めた。「見事な特ダネだ。これはえらいことになった」と思いつつ感じたのは「憲法、国の有りように関わるような大きな話がなぜ、政府からではなく報道で国民に知らされるのか」という疑問であった。

筆者は新聞記者であり、テレビ内部のシステムには暗い。暗いが、同じマスコミ人として「天皇が退位の意向」ということを報じることの重みは想像できる。

絶対に誤報は許されない。原稿を書いて手放す記者、直属の上司はもちろんその先何人もの同意がなければ、およそ報道できない内容である。当然、一〇〇％の確度が求められる。事柄の性質上、政府首脳にその意思が伝わっていないとは考えにくい。「なぜ政府自らがそれを発表せず、『公共放送』とはいえ報道に先んじられるのか」。筆者はそういう疑問を持った。

その後さまざまなメディアによって解明されたのは、以下のことだ。明仁天皇はＮＨＫの報道のずっと前から退位の意思を周辺に示していた。それは政府首脳にも伝えられていた。ところが政府側は動かなかった。そしてＮＨＫの報道に至った。

見事な特ダネが、天皇もしくはその周辺による意向を、結果として後押しすることになったことも事実だ。そこに、天皇側のメディア戦略があったのではないか。あったとすればそれは成功した(メディアは利用された)のかどうか。なぜ成功したのか。あるいはそのような戦略はなかったのか。これらを明らかにするのは、メディアの責任でもある。

さて明仁天皇が生前退位の意向を示した後、新聞各紙の天皇制を巡る歴史観が明らかになった。その中で、筆者の印象に強く残ったのは一〇月一〇日の産経新聞朝刊である。生前退位問題をめぐる有識者会議の初会合が同月一七日、開かれることが決まっていた。同紙はこれを前に一面と特集面で生前退位の問題を大きく取り上げた。

一面は『「ガラス細工」の皇室典範』という横見出しである。「たとえ一代限りであっても生前退位を認めれば、膨大な法改正が必要となる。皇室典範の歴史的重みを踏まえた慎重論も少なくなく、作業は難航が予想される」などという前文で、「一三〇年前に制定された終身在位を軸とする皇室典範は大きな転換期を迎えている」

との認識を示した。

「転換期」とする同紙の認識は各紙にほぼ共通する認識であった。同紙の独自色は、この日の特集（四面）にある。天皇系の系図、すなわち初代・神武天皇以降、一二五代・明仁天皇までの歴代天皇を掲載したのだ。筆者はこれをみて、思わず「え！」と声を上げて驚いた。それは「戦後歴史学の成果、コンセンサスを完全に無視している」、という驚きであった。宮内庁のホームページを参考にした、という注はついている。ただ同社の系列である産経新聞出版からは、『神武天皇はたしかに存在した—神話と伝承を訪ねて』（二〇一六年）という書籍も刊行されている。となれば、やはり「神武天皇」の実在を信じていると解釈すべきだろう。

第二次世界大戦の敗戦までは、歴史学者たちは、本心はともかく「神武天皇」の存在を前提としていた。そして毎日新聞を含むマスメディアはその前提を疑うどころか、「万世一系」史観を拡散した。しかし戦後、その歴史観は見直しを迫られた。一二五代がいる以上、当然ながら初代はいる。つまり「神武天皇」のモデルとなる個人はいたかもしれない。しかし「古事記」「日本書紀」に記されるような「神武天皇」は存在しなかったというのが、実証的な戦後歴史学のコンセンサスといっていいだろう。産経新聞はその認識に挑戦したのだ。

天皇制をどう評価するかは、みる者の歴史観や国家観によって違う。実際の歴史ではなく、「こうあってほしい歴史」を投影する者もいる。皇室に「理想の家族像」をみる者もいれば、男女不平等社会の象徴とみる者もいる。この多面性もまた天皇制の特徴である。

「おことば」に見える天皇の天皇像

「おことば」は明仁天皇自身の「象徴天皇」観を知るかっこうのテキストでもある。たとえば日本近現代史の吉田裕・一橋大教授は「今回のお言葉で注目したいのは天皇陛下が公務を減らすつもりはなく、それを通じて積極的に国民統合を果たそうとする意志を示していることだ。すでに統合されている「国民の象徴」ではなく、国民を精神的に統合する、能動的な役割だととらえていることが伝わってきた」と指摘している[4]。

なるほど日本国憲法第一条は、天皇を「国民統合の象徴」と定めている。しかし横田耕一・九州大名誉教授は「『国民統合の象徴』とされる天皇にあっても、天皇は『国民統合』を表すものではあっても、『国民統合』を積極的に果たすことが期待されているわけではない」と指摘する[5]。

日本国憲法は、前文の前に「上諭」がある。旧憲法下で法律などを公布する際、天皇の裁可があったことを示すために冒頭に付す語だ。「朕は、〔中略〕帝国議会の議決を経た帝国憲法の改正を裁可し、ここにこれを公布せしめる」とある。

日本国憲法はつまり、大日本帝国憲法七三条の定める手続きによって改正され、朕＝昭和天皇が裁可したものだ。天皇主権から国民主権へと、内容は革命的に変わっている。しかし二つの憲法はつながってもいる。

とはいえ、この上諭はそれによって主権者が天皇であることを示すものではない。日本国憲法は「日本国民」という言葉から始まる。それが記された前文には「天皇」という文字はない。このことが象徴するように、日本国の主権者は国民である。であればこそ、天皇が象徴すべき国民統合の像は国民自身が作るものであり、天皇が能動的に作るものではない。横田の問題意識はそういうことであろう。

ここで確認しておきたいのは、明仁天皇の「おことば」に端を発した退位問題は、横田が指摘したような本質的な象徴天皇論について深く広く議論する好機であった、ということだ。憲法違反の恐れがある退位の経緯から、そもそも日本国憲法における天皇制の位置づけについても同様である。

天皇制の問題点を議論する好機を逸した

天皇には参政権がない。また明仁天皇が「退位」の意思をなかなか表明できず、ようやく表明した「おきもち」でも直接的に言えなかったことから分かる通り、言論の自由も著しく制限されている[6]。また皇室典範第一条の「皇位は、皇統に属する男系の男子が、これを継承する」という定めにより、①世襲制であること②男性のみ即位することが定められている。

すなわち皇嗣に職業選択の自由はない。さらに女性は、仮に天皇になる意思があったとしても天皇にはなれない。「日本国民」のおよそ半分は女性である。それで「日本国民統合の象徴」たり得るのは相当に困難であろう。つまり日本国憲法下の天皇制は、その憲法の基本的理念に反する形で維持されているのだ。

しかしながら、その矛盾が七〇年以上続いてもはや「当たり前」になっているからか、差別されている皇族たちの心情についてメディアの想像力が乏しいからか、日本国憲法が内包する天皇制の問題は、ふだんあまり議論の俎上にのぼらない。

筆者は、今回の代替わりは乾坤一擲の好機であったと考える。ところが実際は、歴史学で天皇制研究の瀬畑源・成城大非常勤講師が指摘した通り「(栗原注、おことばについて) 憲法違反の恐れがあったのに『高齢だから可哀想』といった感情論で世論の支持が一気に高まり、新聞各紙もそれに同調した」[7]。

憲法のもと、天皇制はこれでいいのか。新聞はそういう問いを立てるべきだった。瀬畑が「もっと理屈や論を立てて天皇や皇室のあり方を検証し、タブーのない議論ができる空気を作る責任があるのでは」(同前) と指摘する通りである。

では新聞各紙は、その空気作りができただろうか。節目の日、たとえば平成最後の日である二〇一九年四月三〇日に発行された全国紙の朝刊の社説などを読み比べてみよう。

【産経新聞】

熊坂隆光・産経新聞社会長が「陛下、ありがとうございました」という見出しで執筆した。

五五歳で皇位を継ぎ八五歳まで「全身全霊でお務めを果たしてこられた」とし、「求道者にも似た陛下を天皇に戴いた幸せを、語り継いでいきたと思う」などと続けた。それは「憲法に定められた国事行為や、外国とのご交際に熱心に取り組まれ」、かつ「ご信念、お考えに基づき能動的に動かれてきた」とし、「平成の御代」に自然災害に襲われた国民や、戦没者にも寄り添ってきたことを挙げ「陛下は皇太子時代も含め、日本の国と国民のために真摯に取り組まれてきた。

東洋の伝統に則って申し上げれば、いくら賛仰してもしきれないほどの徳を積まれてきた君主であられた」と絶賛した。また、

「精魂を込め戦ひし人未だ地下に眠りて島は悲しき」

という和歌をとりあげ、「戦没者を、気の毒な犠牲者という文脈でのみとらえる人が多いのが戦後日本である。しかし、それでは本当に寄り添うことにはならない。硫黄島をはじめ各地で散った英霊は、祖国のため勇敢に戦って命を捧げた民である。御製から分かるように、それを陛下は見事に受け止めて下さった」とした。「御製」、つまり天皇の和歌から内心を知ろうとする試みは、昭和天皇のころも盛んに行われてきた。三一文字から読み解かれるものは、読み手によってさまざまだ。熊坂の解釈はその一つであり、べつの解釈も当然ながらあり得る。

たとえば「戦いし人地下に眠りて」。戦没者のことを言うのだろうか。第二次世界大戦で亡くなった邦人は、厚生労働省の推計でおよそ三一〇万人で、うち二五〇万人が海外（沖縄、東京都小笠原村の硫黄島を含む。同省の区分による）である。日本政府は一九五二年に独立を回復して以来、海外での戦没者遺骨収容を続けてきた。二〇一九年現在、およそ一〇〇万体の遺骨が未収容である。硫黄島の戦いでは日本兵およそ二万人が戦死した。今も半分近い一万もの遺骨が未収容のままだ。

戦域があまりにも広く、また戦後七五年もの月日が過ぎている中で、硫黄島を含めて戦没者遺骨すべてを収容することはおよそ不可能だろう。そうした現実に照らし合わせば、「未だ地下に眠りて島は悲しき」という

表現を「英霊史観」にはめ込むことに、筆者は同意できない。「御製」を解釈したことはないが、本稿であえて解釈すれば、この和歌は硫黄島の戦没者を悼みつつ、いまだ遺骨が眠っていることを率直に「悲し」い、という感情を現した、と考える。

【日本経済新聞】

見出しは「未完の成熟国家だった平成の日本」。一九八九（平成元）年末の日経平均株価の終値が史上最高値の三万八九一五円だったことを挙げ、「近代日本の一つの到達点だった」とした。その上で九〇年代にバブル経済の崩壊である金融機関の不良債権問題や長期のデフレ、冷戦後の国際政治の激動にみまわれ「国際的な地位低下と財政悪化に、有効な手を打つことができなかった」とする。さらに消費税の税率引き上げが進まず、政府が「増税の先の将来ビジョンを示」さなかった結果、「国と地方の債務が1千兆円を超えていた」と分析する。社会保障制度改革の遅滞も指摘し、「政治や経済の行き詰まり」を振り返った。

一方で社説は「平成は日本にとって文化面では実り豊かな時代だった」とし、ノーベル各賞の「受賞ラッシュ」、映画やアニメ、漫画など日本が世界で「憧れの存在となった」と言祝ぎ、「平成が終わり、令和の時代が始まる。我々は多くの課題を抱えながらも、いま平和と繁栄を享受している。難しい問題を一つ一つ解決し、明るい未来を次の世代にひらいていく責任がある」と締めくくった。

政治と経済、ことに経済に重点を置いた社説である。一般紙にあるような明仁天皇が示した「象徴天皇」の在り方への評価はもとより、天皇制への評価もまったく伝わってこない。社説だけが社の考えを示すものではない。とはいえ、この日が平成の30年を振り返る日となったのは明仁天皇の生前退位があればこそであり、天皇に言及がないことにはやや違和感を覚える。

【読売新聞】

「国民と歩み象徴像を体現した　健やかに過ごされることを願う」との見出しで、冒頭「30年余にわたって真摯に公務を果たし、象徴像を体現してこられたことに深く感謝したい」とした。また国民体育大会など「地方訪問を重ねることで、象徴の具体化に努められた」とし、地震や噴火などの被災現場を訪れて「双方向の触れ合いを大切に」し、訪れない場合も「東日本大震災のビデオメッセージのように、国民に語りかけたことが皇室を身近な存在にしたことは間違いあるまい。国民を力づけ、社会が安定する結果をもたらした」と評価をした。こうした務めを果たす上で「大きな支えとなったのが、皇后さま」とし、「両陛下が仲むつまじく二人三脚で歩まれる姿は、ともすれば近寄りがたかった皇室のイメージを刷新したのではないか」とする。「おことば」に端を発した退位については、「今回の退位は、陛下が体力的な衰えを理由に、象徴の務めを果たせなくなるとの気持ちを示されたことがきっかけだった。多くの国民は驚きつつも共感を覚えた」とし、それは「政府や国会は［中略］天皇の政治的権能を禁じた憲法に抵触しないよう、政治的対立の回避に腐心しながら、慎重かつ丁寧に対応した結果と言える」とした。

【毎日新聞】

「天皇陛下きょう退位　国民と共にあった長い旅」との見出しで、「陛下は全国を訪れ、地域を支える市井の人々との接点を大事にしてきた」とし、「おことば」の中にある国民に対する「信頼を敬愛」という言葉に「ご自分と国民との新しい関係を築こうという思いを込めたのだろう」とした。さらに「象徴」に明確な定義がない中で、民間出身の皇后と「お二人で国民の中に積極的に入っていった。目標としたのは、国民との絆を深めることだった」と解説。

退位するのではなく、公務を代わりに行う摂政を置くべきだという意見があったことに触れ、「しかし、お気持ちは国民の共感を呼び、退位の特例法ができた。『行動する天皇』として、象徴の務めを全力で果たしてきた姿に国民が敬意を抱いていたからだろう」とみた。さらに時代の流れとともに皇室のあり方も変わっていくとしつつ、「平成の30年余に陛下が国民と共にあろうとした姿は、時代を超えて国民の心に深く刻まれるに違いない」と結んだ。

読売新聞と同じく、平成の天皇・皇后の行動を高く評価し、生前退位の過程についても好意的にとらえていることが分かる。ここまでの各紙をみる限り、前述の空気作りからは遠い。

【朝日新聞】

見出しは「退位の日に『象徴』『統合』模索は続く」。天皇・皇后が「社会的に弱い立場にある人たちとの交流、被災地の訪問、沖縄をはじめとする国内外での戦没者の慰霊などを重ねてきた」と、他紙と同様の認識である。さらに「ひざを折り市井の人と同じ目の高たで話すスタイルは、皇室に威厳を求める右派勢力からは批判されたが、多くの国民はこれを受け入れ、歓迎した」とした。

続いて「おことば」以降の動きを「国政に関する権能を持たないはずの天皇が、事実上新たな立法を迫る発言をすることが許されるのか。そんな問題も浮上したが、世論は一気に「退位やむなし」に傾いた。陛下の取り組みへの理解と共感の広がりを、端的に示す現象だった」と振り返った。

さらに「各紙の世論調査から、明仁天皇の意思表示から退位が多くの国民の共感を呼んだとみるのは妥当であろう。一方で､「おことば」から退位に至る経緯を､天皇は政治的権能を持たないとしている憲法に抵触する､という指摘もあった。国民の共感があったからといって、この指摘を無視すべきではない」とした。

他紙の社説にはない、生前退位の過程と憲法の緊張関係を指摘するものである。

横田も主張した通り、「おことば」に始まる生前退位は憲法体制と緊張関係をはらむものだった。しかし全国紙の社説を見る限り、横田の指摘につながるような指摘は少数派であった。読者＝世論が生前退位を支持した、ということが要因として考えられる。

天皇報道にみる記者の意識の変化

さらに、報道する個々の記者の意識も重要である。

井上亮・日本経済新聞編集委員は「平成がはじまって間もないころ、筆者を含め皇室を担当していた記者のほとんどは人間形成期を昭和時代に送っていた。過去に天皇制がもたらした負の教訓は、学校教育だけではなく、先輩記者の薫陶を受けるなかでも心に刻み込まれていた」とする[8]。

井上はさらに「ときは流れ、11年の東日本大震災での天皇、皇后の被災地訪問以降、過剰報道への心理的ストッパーが徐々に緩んできているような気がする。もちろん、困難な状況にある人々や社会的弱者に心を寄せ続けた平成の天皇、皇后の活動は正当に評価しなければならない。ただ、記者も〝代替わり〟し、昭和期から平成初期に共通認識としてあった天皇制の負の側面への警戒心が薄れ、礼賛一辺倒の報道が目立っているようにも思える」とした。

日本国憲法体制においては天皇個人の能力や人柄、あるいは意思によって天皇制の根幹、たとえば退位の仕方が変わるようなことがあれば、それは憲法体制を揺るがすことになる。メディアのみならず国民は、「天皇制の負の側面」をも意識しなければならない。それはたとえば一般の国民には補償されている基本的人権が天皇にはないことであり、天皇が意思を通そうとするとその憲法に抵触しかねない、ということだ。憲法と天皇制がはらむそうした問題を棚上げにして、「礼賛一辺倒」を続けることは日本国のみならず天皇家にとっても望ましいことではないだろう。

前掲の朝日社説は、「陛下が語った象徴像が唯一の答えではない」とした。さらに象徴天皇制について「国家の制度を特定の個人と一家が背負う仕組みであり、その人数、健康状態などに起因する限界や矛盾を常に抱える」などとした上で「最終的にその当否を判断するのは主権者である国民」とした。

この指摘はブーメランのように朝日新聞に返ってくる。天皇制のあり方について判断するのが国民だとすれば、新聞は国民が妥当な判断をすることにつながる材料を提供しなければならない。「今回の代替わり報道で朝日新聞はそれができたのか？　この先それができるのか?」。筆者の頭にはそんな考えが浮かんだ。もちろんそれは、朝日のみならず筆者が働く毎日新聞を含めた新聞ジャーナリズム全体が自問自答し、かつ判断材料の提供を実践しなければならないことでもある。

二．改元にみる新聞ジャーナリズム ～「元号は政府のもの」を追認

日本国憲法下における天皇制の問題で、今回の代替わりで改めて浮き彫りになったものの一つが、「元号」である。

二〇一九年四月一日、菅義偉官房長官が記者会見を開き、新しい元号、「令和」と墨書された紙をうやうやしくカメラの前に掲げた。中高年以上の世代、テレビで放送された昭和から平成への改元シーンを覚えている人ならば、既視感を持った人がいただろう。人物こそ違うが、いずれも官房長官による儀式であった。

さらに同日、安倍晋三首相は記者会見で自ら選定理由をアピールした。それは水島朝穂・早稲田大学法学学術院教授が「首相は自ら解説者となって、新元号決定の意図を饒舌に語った。内閣がすべてを決めてしまうため、発表までの『時間』の操作を含めて、安倍政権の見事な政治ショーとなった」と指摘する光景であった[9]。

「天皇制の歴史は、天皇の政治利用の歴史」という指摘がある。改元を巡るポリティクスは、この説の正しさを改めて印象づけた。

こうした「儀式」や「ショー」は、二一世紀の今日、主権在民の日本国憲法下にあっても、日本国の時制は国民のものではなく、大日本帝国の時代と同じく為政者たちのものであることを雄弁につたえる光景でもあった。前掲した朝日新聞の社説、「新元号発表の場を政権のPRに使った」、という指摘は妥当であろう[10]。

国内外で人の行き来が進んでいる中、西暦使用はさらに浸透してゆくだろう。とはいえ、行政の公文書には元号が使われる。国民全体の生活に大きな影響を与える。

であればこそ、その元号は主権者である国民の意思を広く集め、それを反映した形で決められるべきである。ところが、実際は①政府（国民が選んだ国会議員だけでなく、国民が選定に関与できない官僚機構を含む）が選んだ選定者が案を出し、②「有識者」会議の意見を踏まえて、③政府が決めた。ここまでの過程で、少数の当事者以外ほとんどの国民の意思はまったく反映されない。だれを選定者にするか、だれを会議に招くかを決めるのも政府である。元号は、繰り返しになるが国民のものではなく為政者のものとなった。なぜこんなことになったのかと言えば、一九七九年に制定された「元号法」に行き着く。

根源は元号法

大日本帝国憲法のもと、元号は旧皇室典範と旧登極令の規定に基づくものだった。しかし敗戦後、連合国軍総司令部（GHQ）の占領下で失効した。改定した皇室典範は元号について規定がなく、「昭和」には元号としての法的根拠がなかった。

政府は「慣習として昭和という年号が用いられている」（一九六八年四月三日内閣法制局次長答弁）との解釈を示した。だがこれだけでは、安定性に欠ける。保守派を中心に「元号法制化」運動が起こった。ただ国民の間では抵抗も強かった。

元号法の制定を目指したのは福田赳夫内閣である。一九七八年に国会提出・成立を図った。だが当時の野党や学術団体、市民団体など幅広い反対運動が展開され、法案を国会に提出することさえできなかった。ようやく提出されたのは翌年二月、大平正芳内閣によってである。

元号法を巡る議論で、法律による制定の必要性を指摘したのは有倉遼吉・早稲田大学教授であった。有倉の薫陶を受けた水島によれば、『法律時報』一九七九年四月号に「元号法制化問題の憲法学的考察」を寄稿した[11]。有倉は「主権者ではなく象徴となった天皇の世代に元号をそのまま用いることは違憲ないし不適当という立場」を示した。そして法制化されるとしても、元号が国民生活に大きな影響を与えることから、法律を前提としない政令や告示で定めることはできないとして、「定めるとすれば法律をもってするほかはない」などとした。

当時、元号法について国会では野党のうち社会党、共産党、社会民主連合の三党は元号法制化に反対した。一方で公明党、民社党は賛成した。

論戦が続く一九七九年三月一七日〜二〇日、毎日新聞は元号を巡る全国世論調査を行った。調査員の面接調査で二二一八人から回答によると、「元号の法制化」を支持するのは二一％。「法律ではなく、内閣の告示で続ける程度でよい」が一一％、「法律や内閣告示では定めず現在のように慣習として使っていく」が四四％に上った。

政府は「法制化の目的は元号存続の根拠を作るためであり、国や地方公共団体などは元号を使用するが、国民に強制はしない」と繰り返し主張した。しかしこの世論調査では「強制される」が二〇％、「ある程度強制される」の四〇％と合わせると六割が強制を見込んでいたことが分かる。法制化反対の背景には、それによって元号使用が強制されることへの懸念があったようだ。

また「今の国会で元号法をどうするのが望ましいか」という問いには「この国会で成立させる」が二五％であったのに対し、「この国会で廃案する」が一四％、「この国会では結論を出さずもっと時間をかける」が五一％

となった。

世論調査によれば元号法制化については反対派が多く、決め方についても慎重派が多かった。ところが一九七九年六月六日、与党自民党と前述の野党賛成派によって元号法は成立した。国論を二分したものの、「元号は、政令で定める」「皇位の継承があった場合に限り改める」の二項からなるシンプルなものだった。

水島は「大日本帝国憲法の天皇と日本国憲法の天皇との間にある質的な断絶を前提とすれば、国民主権原理と世襲君主制を絶妙なバランスで合体させた象徴天皇制が存続していくには、元号は、国民代表からなる国会で法律をもって定めるべきだとする有倉の見解には合理性があった」としている。

ところが、前述のように元号法では政令によって元号を定めることとなった。九九％以上の国民は、元号決定のプロセスにまったく関わることがなく、政府が選んだ人間が選び、政府が採用した。「決めました。使って下さい」と言わんばかりの決定である。

「令和」という名称自体については好き嫌いが分かれるところだが、いずれにしても決め方には重大な瑕疵がある。「その決め方は、過度の秘密主義と首相の過剰な自己顕示によって、新元号は政治利用された」という水島の指摘は鋭い。

元号にようやく根拠法ができた一〇年後の一九八九年、昭和から平成への改元となった。ただ元号制度そのものに対する批判は引き続きあった。同年一月七日、新元号が「平成」と決まったことを受け当時の野党各党が談話を発表した[12]。元号の制度自体に強く反対したのは社会党と共産党である。

【社会党】

わが党は元号法については、国家統制と政治反動につながりかねないと反対、「昭和」を廃止すべきだと主張してきた。国際化時代にあって、不便で国民生活に混乱を招きかねない。

西暦は世界共通暦であり、西暦を原則として使用すべきである。政府は新元号制定による混乱を招かないよう十分な措置を講じ、新元号のみの使用を強制することには反対だ。


【共産党】

共産党はかねてから紀年法は歴史と国民の選択にゆだねられるべきで、元号法は時代錯誤の非文化的愚行であり、廃止を強く主張する。「一世一元」は、絶対主義的天皇制を象徴するものだ。

わが党は政府に元号使用の強制を一切やめるよう要求する。この際、使用を強制しないことを保障するため、官公庁への文書は西暦でも受理することを明確にすべきだ。


公明党と民社党は、制度を認めつつ強制については反対した。


【公明党】

元号決定は、新憲法下で初のことであり、「昭和」に続く身近なものとして、国民に親しまれるよう希望する。

わが党は、「事実たる慣習」として国民生活の中で定着している元号の制度化を認めるものだが、元号使用は、現状の慣習的使用を踏襲することを原則として、強制的使用はあってはならないし、国際暦の西暦の使用は当然認められるべきだ。


【民社党】

元号はこれまで天皇の大権として決定されてきたが、（今回）国民の手で決まり、非常に意義深い。極めて平易で、やさしく、平和を願う国民の理想に合致したものである。国民に親しまれ、定着していくと思う。新しい時代の到来を示すもので、新しい日本の出発点になることを祈念したい。元号は強制すべきものではなく、国民が選択すべきものである。

新元号に好意的な国民

昭和から平成への改元から三〇年、元号法制定後二度目の改元を迎えた。メディアの世論調査によれば、新元号「令和」は国民におおむね好意的に受け止められた。

たとえば①共同通信社が二〇一九年四月一、二日に実施した全国緊急電話世論調査によると、「令和」について七三・七％が「好感が持てる」と答え、「好感が持てない」は一五・七％だった。「普段の生活や仕事で主に使いたいのは新元号か西暦か」という問いには「両方」が四五・一％、西暦三四・〇、新元号一八・八％の順だった[13]。

②産経新聞とフジニュースネットワーク(FNN)が同月六、七日両日に実施した世論調査では、新元号を「良いと思う」との回答は八七・〇％に上った。「良いと思わない」「分からない・どちらとも言えない」はいずれも六・五％。元号制度そのものについては「続ける方がよい」が八二・七％。「廃止する方がよい」の九・七％を大きく上回った[14]。

③毎日新聞が同月一三、一四日に実施した全国世論調査では、「令和」について「好感を持っている」が六五％で、「好感を持っていない」は一〇％、「関心がない」は一七％だった[15]。

②の調査で興味深いのは、若い世代に元号存続への支持が多かったことだ。元号制度を「続けるほうがよい」との回答は、一八～二九歳八五・四％▽三〇代八六・四％▽四〇代八七・〇％▽五〇代八三・七％▽六〇歳以上七八・二％であった。

国民の好意的な受け止めもあってか政界、与党のみならず野党からも元号制度や新元号に対する批判は聞こえてこなかった。かつて批判の急先鋒であった共産党は二〇一七年四月、機関紙「赤旗」で元号の使用を復活させていた。令和への改元について志位和夫同党委員長は記者会見で「元号は憲法の国民主権原則になじまないが、国民が慣習的に使用することには反対しない」と述べた。

「元号フィーバー」に乗じるメディア

マスコミはどうだったか。元号法制定の時代とはうってかわり、元号の是非や法制化の妥当性について展開する新聞は、筆者のみたところ野党と同じようにほとんどなかった。国民の多くが元号を支持している以上、自然ではある。改元に伴い、「令和初」という表現が洪水のように流れ出した。

たとえば毎日新聞で二〇二〇年一月中の記事をみると、東京本社発行の記事だけで「令和初、新年参賀6・8万人　天皇陛下「災害のない年に」」の見出しがついた記事（三日朝刊）を始め、「令和初」と書いた記事が一〇本以上ある。たとえば人気の箱根駅伝で青山学院大学が五回目の総合優勝を果たしたことについて「令和初の箱根王者」と伝えた（同月四日朝刊）。また東京・豊洲市場の初競りを伝える記事でも「5日早朝、令和初となる新春恒例の「初競り」があり」（同月六日）、「日米安保改定調印六〇年」について触れた記事の中では二〇一九年五月に来日したトランプ米大統領について「令和初の国賓」とした。スポーツから政治、外交まで幅広く「令和初」が使われていたことが分かる。

一般に、新聞は「初物」を珍重する。たとえば同じ出来事でも何らかの点で「初めて」であれば「ニュース」として取り上げやすく、見出しもつけやすい。久々かつ国民全体に関わる元号となればなおさらである。かつ、昭和から平成への改元の時代に比べ、元号そのものへの拒否感も薄らいでおり、「令和初」が連発されたといえる。

ただ元号が国民に完全に定着したか、という点では疑問も残る。

毎日新聞は二〇一九年二月二～三日、年代の表現について電話による全国世論調査を行った[16]。固定電話で四九五人、携帯電話で五二八人から回答を得たところ、「主に西暦」が二五％で、「主に元号」が三四％、「元号と西暦と半々」も三四％だった。「元号」が優勢だ。

だが先に見た元号法制定直前の一九七九年四月に行われた世論調査と比べると興味深い。元号と西暦の使用について問うたところ、「主に元号」が七八％で、「主に西暦」の四％を圧倒した。また平成に改元となった一九八九年に行われた調査では「主に新元号」が六四％、「主に西暦」は一〇％、「半々」二四％だった。この二つの調査は面接調査であったため、令和に関して行われた調査と単純に比較することはできないが、「元号離れ」の傾向を見てとることはできそうだ。

前述のように元号法制定に当たって、政府は「強制しない」ことを繰り返し表明した。当時の世論調査などで国民がその警戒感を持っていることが明らかであり、国会でも議論されたことが背景にあった。日本国の主権者は国民であり、使用する年号にどれを選ぶかは国民が決めることだ。その当然の権利のありかを再認識する上で、今回の改元は一つの機会であった。しかし新聞ではその機運が高まらなかったのは、今まで見た通りである。

おわりに ～次の代替わりのために

現代の天皇制というシステムは本来、日本国憲法の理念―たとえば、天皇自身の基本的人権が尊重されていない―とは鋭く対立するものである。さらに政治が天皇を利用する余地を残すものでもある。明仁天皇の「おことば」から退位、新元号の制定などに至る一連の動きは、こうした根本的な問題を改めて国民に示し、より望ましい形に向けて議論を始める好機であった。

しかし筆者のみるところ、新聞メディアはその好機を生かし切れなかった。そうした本質的な議論をすべきという趣旨の識者コメントを掲載するものの、メディアとして主体的に取り組む姿勢が足りなかった。天皇制が続く限り代替わりは行われる。今回の生前退位を巡る報道で、何がどう足りなかったのか。新聞自身が検証しなければならない。

1　八月八日（象徴としてのお務めについての天皇陛下のおことば）（宮内庁ＨＰ　https://www.kunaicho.go.jp/ page/okotoba/detail/12）
2　『毎日新聞』二〇一六年九月一六日朝刊掲載「論点」。
3　御厨貴『時代の変わり目に立つ　平成快気談』（吉田書店、二〇二〇年）。
4　『毎日新聞』二〇一六年八月九日朝刊「論点」。
5　『Ｊｏｕｒｎａｌｉｓｍ』二〇一六年一一月号。
6　『文藝春秋』二〇一〇年一〇月号などによれば、明仁天皇は二〇一〇年七月、宮内庁参与会議で退位の意思を示していた。
7　『朝日新聞』二〇一九年五月一一日朝刊。
8　『新聞研究』二〇一九年八・九月号掲載「平成流30年と皇室報道に見る危うさ」。
9　『毎日新聞』二〇一九年六月三日夕刊「政治ショーと化した改元　元号法への危惧　現実に」。
10　前掲『朝日新聞』二〇一九年四月三〇日朝刊。
11　前掲『毎日新聞』二〇一九年六月三日夕刊。
12　『毎日新聞』一九八九年一月八日朝刊。
13　共同通信ホームページ二〇一九年四月二日（https://www.47news.jp/3428674.html）。
14　産経新聞ホームページ二〇一九年四月一六日（【安倍政権考】世論調査にみる「令和」の好感度　かつて廃止論の社共も歯切れ悪く）。https://www.sankei.com/politics/news/190416/plt1904160002-n1.html）

15 『毎日新聞』二〇一九年四月一六日朝刊。

16 『毎日新聞』二〇一九年二月五日朝刊。

あとがき

本書を編集することになったきっかけは、志學館大学の教職員懇親会の二次会で、松岡達郎学長から「志學館大学出版会を立ち上げることになったので、皆さんも研究成果発表の場として大いに活用してください」との提言をうけたことに始まる。松岡学長の発言は、同席していた同僚全員に向けてのものであったが、私には「天皇代替わりの年なので、改元や天皇代替わりについて一冊書けませんか？」との具体的な提案をいただいたと記憶している。ちょうど、本書に収録した論稿の準備に取りかかっていたので、当初予定していた学術雑誌への投稿をとりやめ、知り合いの研究者に寄稿をお願いして論文集の体裁で一冊の書にまとめられないかと思い立つにいたった。

私自身、戦後の象徴天皇制研究はここ一〇年ほどの研究経歴しかなく、また、分析対象も昭和天皇や側近の政治動向の分析が主で、時期も占領期から独立回復直後の一九五〇年代前半までしかカバーしておらず、いまだ研究途上の状態にある。令和改元や天皇代替わりを含む研究テーマで研究書にまとめるとなると、当然、昭和天皇、平成の明仁天皇、そして、即位したばかりの令和の徳仁天皇の時代と、象徴天皇制全体を網羅した内容にする必要があった。幸い、象徴天皇制研究を始めてから知遇を得た研究仲間がいたので、無理を承知で志學館大学出版会設立の趣旨と論文集編集の意思を伝え、寄稿をお願いすることにした。私からの一方的なお願いをうけて本書への寄稿を承諾してくださったのが、君塚直隆、冨永望、河西秀哉、舟橋正真の各先生方と毎日新聞東京本社学芸部記者の栗原俊雄氏であった。

君塚先生とは私がまだ大学院生だった頃に、所属していた立教大学で先生の研究発表を拝聴して以来の付き合いとなる。その後、君塚先生は次々とイギリス王室やイギリス史に関する研究書を発表する著名な研究者となり、その都度、御高著の恵贈にあずかっている。また、私自身の研究のなかでイギリス立憲君主制に関する不明な点を君塚先生に尋ねると、常に迅速かつ適切なご教示をいただいてきた。

冨永、河西、舟橋の各先生方とは、それぞれ付き合い時期に差はあるものの、共同作業としては、二〇一四年秋に公開された「昭和天皇実録」の全体解説を当時のNHK社会部より依頼され、各自で担当を割り振って解読にあたり、その成果を発表会形式で報告し合ったことがある。その後、その解読成果を解説書にまとめ、『「昭和天皇実録」講義』(吉川弘文館、二〇一五年)として刊行した。また、冨永、河西、舟橋の三先生は早くから若手研究者主体の象徴天皇制研究会を立ち上げ、次々と単著や共著といった研究成果を発表し、現在では学界の象徴天皇制研究を牽引する立場にいる。

このように、天皇制研究、君主制研究に携わっている者であれば知らない人はいないであろう、四人の著名な研究者から執筆承諾の返事をいただいた時点で、本書の質は確保されたのも同然となった。残る不安は、一大イベントとなった令和改元をメディアがどう報じ、国民がそれをどう感じたのかを盛り込んでいくかという点であった。歴史学において、現代に近づけば近づくほど資料上の制約から研究分析が困難となるのは必然であるが、とくに天皇制研究においては、その傾向が顕著である。

歴史学研究者で適当な執筆候補者が思い当たらないなか、ふと思い浮かんだのが時事問題を扱うジャーナリストであった。しかし、ジャーナリストであれば誰でもよいわけではなく、歴史学、殊に日本近現代史に精通した人でなければ、令和改元、天皇の代替わりをテーマに論稿を書くことはできない。知り合いでもっとも適当だと思い至ったのが、毎日新聞の栗原俊雄記者である。栗原氏とは直接の面識はなかったものの、以前、『毎日新聞』の書評欄に寄稿をお願いされた機会があり、何より特攻や空襲被害者らへの補償問題など日本近現代史に関する著書や記事を書かれており、新聞記者の鋭い視点で問題に切り込む姿勢に敬意を払っていた。そこで、思い切って栗原氏に論稿の執筆を依頼したところ、こちらも二つ返事で快諾を得た次第である。

私を含め、これで六名の執筆陣を固めることができたものの、もともと、私一人で単独の論文執筆を予定していた都合上、他の五名には大学出版会のタイトなスケジュールに付き合わせてしまうこととなった。今回、執筆陣に加わっていただいた方々には入稿まで短期間しか準備できず、また、原稿料もないという条件にもかかわらず、当初の刊行計画どおりに入稿、校正に従事くださり、感謝することしきりである。

本書は、志學館大学創立四〇周年記念として志學館大学出版会設立とともに刊行された、松岡学長、原口泉先生の著書に次ぎ、出版会発足後初の三冊目として刊行される運びとなった。松岡学長からも、「この後に続く出版会の先鞭をつけるよう、良いものを出して下さい」と激励されていたこともあり、緊張しつつも慎重に編集作業にあたってきた。結果として、五名の執筆者の協力もあり、良い書に仕上がったのではないかと自負している。

本書の流通先は鹿児島県内が中心となるようであり、地域や社会への貢献を重視する本学の使命にも合致し、有為な仕事を成し遂げられたと感じる。一方で、改元や天皇代替わりという一大イベントを受け、社会全体で皇室への関心が高まっている現在であるからこそ、地域の方々や専門の研究者はもちろんのこと、全国の一般読者にも是非拝読していただきたいと思っている。

最後に私事になるが、本書の準備中、立教大学大学院時代の恩師・粟屋憲太郎先生逝去の報に接した。先生、先輩、同輩らと濃密な議論を交わし合っていたゼミでの思い出は尽きないが、とくに先生から教示された「一次史料を調査、分析してこそ一人前の論文が書ける」という言葉は、今でも研究者としての理念となっている。本書に収録した拙稿でも、粟屋先生からの教えにもとづき書き上げたつもりである。本書の上梓をもって、粟屋先生に哀悼の意を表したい。

二〇二〇年初夏

編集者　茶谷　誠一

〈執筆者紹介〉章立て順

茶谷　誠一（ちゃだに・せいいち）　編者、序章、第一章担当
一九七一年　石川県生まれ
二〇〇六年　立教大学大学院文学研究科博士後期課程修了。博士（文学）
現在　志學館大学人間関係学部教授
〈主要業績〉
『昭和戦前期の宮中勢力と政治』（吉川弘文館、二〇〇九年）。『宮中からみる日本近代史』（ちくま新書、二〇一二年）。
『象徴天皇制の成立』（ＮＨＫ出版、二〇一七年）。

舟橋　正真（ふなばし・せいしん）　第二章担当
一九八二年　茨城県生まれ
二〇一六年　日本大学大学院文学研究科博士後期課程修了。博士（文学）
現在　成城大学非常勤講師
〈主要業績〉
「『皇室外交』とは何か──『象徴』と『元首』」（吉田裕・瀬畑源・河西秀哉編『平成の天皇制とは何か』岩波書店、二〇一七年）。「昭和天皇訪沖の政治史─植樹祭・特別国体への天皇出席をめぐる相克」（河西秀哉・瀬畑源・森暢平編『〈地域〉から見える天皇制』吉田書店、二〇一九年）。『「皇室外交」と象徴天皇制一九六〇～一九七五年』（吉田書店、二〇一九年）。

冨永　望（とみなが・のぞむ）　第三章担当

一九七四年　千葉県生まれ

二〇〇二年　京都大学大学院文学研究科博士後期課程単位取得満期退学。博士（文学）

現在　立教大学文学部兼任講師

〈主要業績〉

『象徴天皇制の形成と定着』（思文閣出版、二〇一〇年）。『昭和天皇退位論のゆくえ』（吉川弘文館、二〇一四年）。「戦後沖縄の皇室報道―「反復帰」論出現以前を中心に―」河西秀哉・瀬畑源・森暢平編『〈地域〉から見える天皇制』（吉田書店、二〇一九年）。

河西　秀哉（かわにし・ひでや）　第四章担当

一九七七年　愛知県生まれ

二〇〇八年　名古屋大学大学院文学研究科博士後期課程修了。博士（歴史学）

現在　名古屋大学大学院人文学研究科准教授

〈主要業績〉

『皇居の近現代史　開かれた皇室像の誕生』（吉川弘文館、二〇一五年）。『天皇制と民主主義の昭和史』（人文書院、二〇一八年）。『近代天皇制から象徴天皇制へ―「象徴」への道程―』（吉田書店、二〇一八年）。

君塚　直隆（きみづか・なおたか）　第五章担当

一九六七年　東京都生まれ

一九九七年　上智大学大学院文学研究科史学専攻博士後期課程修了。博士（史学）

現在　関東学院大学国際文化学部教授
〈主要業績〉
『立憲君主制の現在―日本人は「象徴天皇」を維持できるか』（新潮選書、二〇一八年）。『ヨーロッパ近代史』（ちくま新書、二〇一九年）。『エリザベス女王―史上最長・最強のイギリス君主』（中公新書、二〇二〇年）。

栗原　俊雄（くりはら・としお）　第六章担当
一九六七年　東京都生まれ
一九九六年　早稲田大学大学院政治学研究科修士課程修了（日本政治史）
現在　毎日新聞学芸部所属　専門記者（日本近現代史）
〈主要業績〉
『「昭和天皇実録」と戦争』（山川出版社、二〇一五年）。『特攻　戦争と日本人』（中公新書、二〇一五年）。『戦後補償裁判　民間人たちの終わらない「戦争」』（ＮＨＫ新書、二〇一六年）。
第二四回平和・協同ジャーナリスト基金賞奨励賞（二〇一八年）。

象徴天皇制のゆくえ

茶 谷 誠 一 編

2020（令和２）年９月24日　初版発行

発行所／志學館大学出版会
〒890－8504　鹿児島県鹿児島市紫原１丁目59－１
TEL 099（812）8501（代）
http://www.shigakukan.ac.jp/

志學館大学出版会

製作・販売／南日本新聞開発センター

ISBN978-4-86074-285-0